# 文化の壁と再社会化の道

## ポストコロナ時代の組織再編・M&Aに向けて

*ITO Satoshi*
伊藤　敏
［著］

文眞堂

# 目次

# プロローグ

過去を思い出せない者は、それを繰り返す運命にある[1]
(Santayana 1905)

時は一九七二年の夏、折しも米国独立記念日の朝、抜けるような青空が広がるカンカン照りのロサンゼルスに、期待と不安の入り混じった面持ちの、日本人青年が降り立った。東京国際空港（羽田）発ロサンゼルス行、パンアメリカン八四六便、午後二時過ぎに発ち、翌朝（暦の上では同日の）午前十時ごろに着く、サンフランシスコを経由する（当時のジャンボ機は航続距離が少し足りずロサンゼルスへ直行しなかった）約十二時間の道程だった。

羽田には、職場の上司や同僚などに混じって、故郷の田舎から親父とお袋も見送りに来ていた。為替は前年のスミソニアン協定により、一ドル三〇八円の固定相場で、外貨の持出制限は依然厳しく、海外に長期で赴くのはまだまだ珍しい、そうした時代であった。サンフランシスコから西海岸沿いに南下する機内から、眼下に、日本とは逆さまで冬は緑に覆われても夏には枯れて地肌が顔を出す、カリフォルニアの赤茶けた山稜が延々と続いているのが見えたとき、初めて土を踏むアメリカ大地にやって来たのか、との感慨に浸った。

コンピュータが黎明《れいめい》期にあった当時、新製品の開発には米国における先進企業との技術提携が欠かせず、日本メーカーは技術習得や共同開発などを目途に、多くの若手エンジニアを提携先に派遣した。入社して五年目となるくだんの青年もその中のひとりだった。

その後二年余にわたり、何度か日本と往来しながら過ごしたロサンゼルス郊外での経験は、いまだ記憶に新しい。当然予想された言語障壁に加えて、これまでにないカルチャーショックに見舞われ、適応するのは思いの外容易なことではなかった。恥じ入るような失敗の思い出も数多い。人は異なる文化（異文化）に接すると、自分の属する文化の価値を基準にして、他の文化を優劣の視点から判断する、所謂《いわゆる》エスノセントリズム（自文化中心主義）に陥りやすい。個人差があるにしても、誰もが持つ性向であり、現地での適応を難しくする。この米国での適応化のプロセスは、自らの文化の違いに気付き、異文化コミュニケーションを否応なく迫られることを通して、ひとりの若者の価値観や思考様式に大きな影響を及ぼすこととなった。

　米国、ドイツ、それに日本の各社が、共同出資して新たに設立された開発会社が、その若者の派遣先であった。開発の狙いは、IBMから発売されたばかりの新製品と置き換えても同じように使える、すなわち、互換性を持つ後発機（IBM互換機）を作ること。急成長するコンピュータ市場において、IBMは圧倒的に優位な地位を確立し、その市場を制覇していた。一九六七年の出荷高シェア[2]では、同社が全体の七三%を占め、残りを七社が二～五%で分けて、巷間《こうかん》「白雪姫（IBM）と七人の小人《こびと》たち」と喩《たと》えられた。一九七〇年代には、そのうちの二社が見切りを付けて撤退し、小人たちは、頭文字を並べてBUNCH[3]（束）と呼ばれる五社に絞られていた。

　IBMは確固としたプライスリーダーであり、その製品仕様には疑義を挟む余地なく、無謬《むびゅう》なものとして事実上の標準とされ、「神様の設計だ」として、畏敬《いけい》の念を抱《いだ》くエンジニアも少なくなかった。データを記録して保管したり、交換したりする媒体や、コンピュータ間で通信する手順やデータ形式などは、何を措《お》いても合わせないと一緒には使えない。小人たちや日本などの新興メーカーが、顧客を獲得するためにIBMとの互換仕様を目指すことは、経済原則からしても必然の結果とされよう。

プロジェクトのオフィスは、ロサンゼルスのダウンタウンから五十キロほど南下した、ディズニーランド[4]に程近い、アナハイム市街の真新しいビルに開かれた。サンタ・アナ川の畔《ほとり》に、ドイツ系の集団入植地として拓かれたその街は、ドイツ語の「アナ川の我が家」が地名になっている。開拓当時のブドウ農園が広がっていた面影はなく、一大観光産業に加え、シリコンバレーほどではないにしても、電子機器などを主とするスタートアップ企業が集積していた。このプロジェクトのオーナーもドイツ系で、辣腕《らつわん》を振るうとされる起業家だった。

新オフィスに、IBMから正規にリースされた最新の目標機が設置された。IBMは当時、反トラスト法（独占禁止法）侵害の訴えを抱えて米司法省の行動監視下にあり、それが自社との互換製品を開発するのに使われることは先刻承知の上で、手厚い保守サービスまで提供するという鷹揚《おうよう》さであった。某日、その中枢となる電子回路部を調べていた際、誤って端子間をショートし、故障させてしまったときには、保守員が飛んできて交換・修理してくれる一幕もあったほどである。因《ちな》みに、IBMの特許は、当時すでに結ばれていた包括ライセンス契約[5]によって、どれでも使用してよいと認められていた。なお、日本のコンピュータ業界を震撼《しんかん》させた、FBIの囮《おとり》捜査によるIBM産業スパイ事件[6]が起こるのは、司法省が提訴を取り下げた後の、これから約十年後のことである。

開発チームのメンバーは、才気走った血気さかんな若い米国人エンジニア、これまでの経験を集めて自前の設計基準ノートを持ち歩くベテラン米国人エンジニア、誠実さの見える老練な米国人リーダー、律義で思慮深い感じの壮年ドイツ人などに、酒類を買う際には決まってピクチャーＩＤ（写真付き身分証明書）の提示を求められる、真面目でシャイな若い日本人が加わり、十数名からなる、まさに異文化混成のチームであった。

目標機の調査は、機能や性能にとどまらず、構成するすべてのユニットや、内部で行き交う信号の解析、そして、個々の部品に至るまで、どのように作られているかを解明すべく徹底して行われた。特筆すべきは、装置自体も然《さ》ることながら、備え付けられたマニュアル類の完成度である。それらはベテランのエンジニアでも舌を巻くほどの精巧さで記述されており、調査チームの虎の巻となった。保守マニュアルには、作業手順のみならず、動作原理にまで遡《さかのぼ》ったセオリーの解説があり、部品カタログでは、すべての保守ユニットや個別部品が立体図に展開されて、一目瞭然《りょうぜん》に示されていた。しかし、最大の難関は、ＩＢＭで内製された専用のＬＳＩ（大規模集積回路）群であり、それらは個々のブロックごとに機能的役割が説明されるのみで、内部回路は知る由もなく、そこにチームの独自設計する力が問われた。

チームは連日深夜に至るまで、目標機の調査と併行して、互換性を持つような独自の設計とその試作に取り組み、半年余りで最初のプロトタイプ（原型）を完成させた。次のステップは日本語を扱えるようにすることで、それは日本側チームによる開発に任された。その後も同社は、ＩＢＭをフォローする機能拡張や、モデル追加などの開発を続け、ＩＢＭ互換機開発の前線で大きな役割を果たした。

チーム内では、開発の進め方や、拠《よ》り所とする設計基準の違いなどをはじめ、習慣や作法などまで、技術的のみならず、文化的な相違に伴う多くの難題に直面したことは言うまでもない。ネジ一本にしてもインチとミリの違いがある。初めのころは、まったく新たな環境での緊張と、初めて見聞きする興奮とに高揚していたが、そのうち、思うに任せない違和感や、やり場のない葛藤《かっとう》が生じるようになり、落ち込むことも少なくなかった。しかし、連日のように、顔を突き合わせた入念な調査に加え、率直にやり取りするレビューミーティングを繰り返すことで、次第に互いの気心が知れるようになり、トピックも限られることから、ときに齟齬《そご》が生じてもすぐに修復ができて、いつしか意思の疎通に支障を来すことはなくなっていた。

だがこれは、英語が流暢《りゅうちょう》になったことは意味しない。専門的な知識ベースや、技術的トピックに関する価値観がチーム内で共有されたことに加えて、相手の背景や言語力に配慮し、意を汲んで分かってくれたに違いない。そのことは、街中などで不特定のさまざまな人々と接する際、思うように言葉が通じず、容赦のない扱われ方をされることで、身に染みることになる。つまりは、チーム内での価値観を共有した一体的な活動が、大規模な開発を進めるには不可欠な要件になっていたといえよう。

アナハイムから、シリコンバレーと呼ばれるベイエリアに出向いていた際の、とある休日、日本から出張して来たシニアエンジニアを車でアテンドしていたとき、観光スポットよりもＩＢＭのサンノゼ・サイトをちょっと見れないかと問われ、急遽《きゅうきょ》行ってみることにした。そこは、磁気ディスクを主とするＩＢＭ製品の一大開発拠点として、業界ではつとに有名であった。見学アポはもとより取るべくもなく、構内に立ち入れないことは承知の上である。

サンノゼの南東に位置する広大なそのサイトはすぐに分かった。が案の定、入口は厳重に閉じられて守衛の監視があり、門に通じる見通しのよいアプローチに近づくことも憚《はばか》られた。周囲を見回すと、南側の敷地境界のすぐ外に、道路を挟んでやや高層のアパートがあり、好都合にも、そこは制限なく立ち入ることができ、二人でその屋上からサイトを全貌することができた。

休日で人影も少ない構内は、設計棟と思《おぼ》しき低層ビルが点在し、工場のイメージとは程遠く、ビルの周りにはうっそうと樹木が生い茂っていた。驚いたことには、ほぼ中央に池があり、囲むようにして、きれいに手入れされたゴルフコースが広がっていたことである。この辺りは、縦横に敷設したスプリンクラーに頼らなければ夏の緑は保てない。われわれには手の届かない、遥《はる》かな巨人の豊かさを垣間《かいま》見た思いだった。その先輩エンジニアは、磁気ディスクの開発リーダーとして嘱望されていたが、帰国後しばらくして心不全により急逝し今は亡《な》い。それから時を経て、今度はＭ＆Ａの買い手側として再びこの地に立つことになろうとは、くだんの若者にとってまったく思いも寄らぬことであった。

大型コンピュータを中心とするＩＢＭ互換機のビジネスは、一九七〇年代後半から一九八〇年代には繁栄を極め、日本メーカーのコンピュータ事業を世界レベルへと大きく発展させた。ＩＢＭ産業スパイ事件は、米国の牙城に迫ろうとする日本メーカーを狙い撃ちしたものとみられるが、結局のところ、互換機ビジネス自体には、ほとんど打撃を与えなかった[7]とされる。アナハイム開発チームの成果による互換機も、製品化されて販売実績を重ね、日本でＩＢＭに次ぐ大きなシェアを獲得した。

その後、コンピュータ市場は、パーソナル・コンピュータの出現などにより、従来の集中から分散化処理へと向かい、さらに、反トラスト法から解放されたＩＢＭの新たな価格政策などによって、互換機での利益確保は難しくなり、一九九〇年代終わりに同ビジネスは終焉《しゅうえん》を迎えた。アナハイム・チームのかつての若者は、その後、日本でＩＢＭに依《よ》らない独自設計の製品を多く手掛け、設計・開発マネジメントの立場となって、新製品を創出する思案に暮れる一方で、早期開発を図るために東奔西走する多忙な日々を過ごしていた。

時は流れて二〇〇〇年代に入り、日本メーカーがＩＢＭの主力製品である磁気ディスクの事業部門を、二十億ドル余で買収する契約を結んで世の中を驚かせた。ＩＢＭはハードウェア事業を徐々に整理し、ソリューション・サービス事業へシフトを図るとされた。こうした逆転劇は、コンピュータ事業における日本メーカー躍進の証左ともいえよう。しかしまた、諸行無常の時代の流れを感じさせる。かくして、日本メーカーの一翼を担うこととなったかつてのＩＢＭサイトに、かの人が再び向かうことになったのは、アナハイム以来の因縁かもしれない。三十年の時を経たサンノゼ・サイトに、かの池は当時のまま残っており、カナダガンが群れて仲良く草を食《は》む姿が見られたが、ゴルフコースはすっかり消え失せ、代わりにカリフォルニア・プルーンの林が広がっていた。

ここで話は一件落着ではない。ここからがむしろ始まりである。日本と米国の企業が関わるＭ＆Ａの結果、組織再編や統合はどのように進むのか。アナハイムとは何が異なり、そこでは何が起こるのか。企業間の文化的な相違が、統合後の組織としての能力、とりわけ意思決定の効率や企業成果にどのような影響をもたらすのか。本書では、筆者の研究に基づき、ある事例での実データの分析とあわせて、それまでに所属した組織に適応して社会化した人々[8]が、統合後の新組織で再び社会化する（ここでは組織再社会化と呼ぶ）過程、すなわち、再社会化の道について考えたい。なぜなら、これを明らかにすることが、組織再編後に事業の停滞が取り沙汰される度に抱いてきた、積年の問いへ近づくことになるからである。ポストコロナ時代において、組織再編は経営戦略上の必要性により、一部組織での再編・統合から、Ｍ＆Ａなどによる組織全体に関わるものまで、さまざまな形でますます増える傾向にある。本書を通して、これまで組織再編の多くのケースにおいて、期待する成果が上がらず失敗したとされるのはなぜか、そして、その際に鍵となる組織再社会化という課題に対して、事前的なマネジメント戦略はあるのかについて、何らかの示唆を与えることができれば、この上なく幸いである。

# 第一章　組織再編と文化の壁

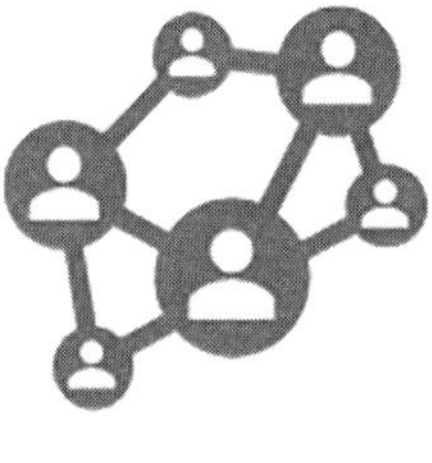

文化は人間をむすぶ絆であり、人間がお互いに作用するための手段である

（Hall 1959　國弘・他訳[1]）

組織再編の形態は、限定された一部の部門から組織全体に及ぶものまで多岐にわたるが、それがもっともドラスティックに行われる典型例はM&Aといえよう。ここではM&Aに注視することで、組織再編における主要な課題を際立った形で見ることができる。

## M&Aはますます増えている

M&Aとは、合併（Mergers）と買収（Acquisitions）をペアにした用語である。合併と買収とは法律上はまったく異なるが、ここでは、ある企業が他の企業の全部、または一部を買い取り、一つの事業体に統合する、つまり、両方を合わせた意味で用いている。

M&Aはなぜ行われるのだろうか。破綻《はたん》した企業を再生するために行われる場合もあるが、その多くは、高いレベルのダイナミズムと、激しい競争で特徴付けられるグローバル・ビジネスにおいて、より速く成長し、競争力を高めることが主な狙いとされる。

その企業が持つ資源や能力には限りがあり、内部での事業拡大では市場競争のダイナミズムにペースが合わない場合、他社との提携やM&Aなどの外部的な手段を通じて、より速く成長する。つまり、他社の資源や能力を活用し、自社との相乗作用により、競争力の著しい向上を図ることができる。

その分野をリードする大企業であっても、更なる成長や多角化によって、より強固な優位性を達成するために、大規模なＭ＆Ａ戦略をとることも少なくない。近年に限っても、ＡＴ＆Ｔによるタイムワーナーの買収、独バイエルによるモンサントの買収、ダウケミカルとデュポンとの合併、そして、六兆円を超える大型Ｍ＆Ａとして話題となった、武田薬品工業によるシャイアーの買収など、枚挙にいとまがない。

米国シスコ社は、買収による競争力強化が自社の目指す市場に適した戦略であるとして、四年間で六十社以上を買収し、その間、同社の株価は年平均で五割以上も上昇した。[2] また、ＩＢＭも、ある一年間で一七件の買収を行った実績がある。Ｍ＆Ａは、事業を拡大し競争力を強化する主要な戦略であり、これを成功させることは企業の中核となる能力の一つであって、競争優位性を確保する源泉にもなり得

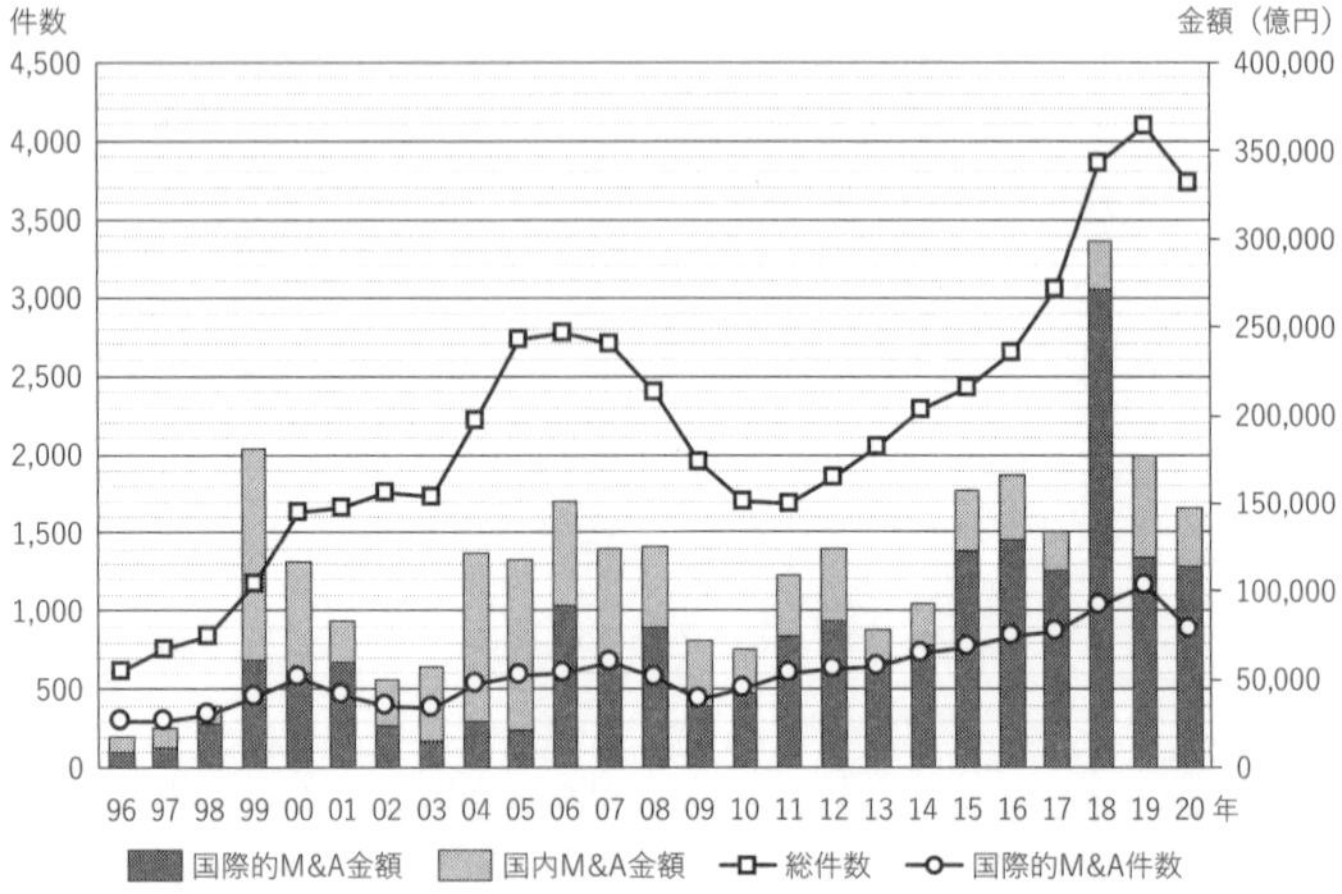


出典：レコフ M&A データベース[3] より作成，金額は公表分のみの集計値。

**図 1-1　日本における M&A 件数および金額（1996 ～ 2020）**

るとされる。

これまでの二十年余りにおいて、日本企業が関わったM&Aの推移をみると、図1－1に示すように、二〇〇七年～二〇一〇年の世界金融危機による落ち込みがあったものの、長期的な増加傾向にある。とくに近年の増え方は著しく、二〇一九年には過去最多の年間四千件以上に達した。この傾向は世界全体で見ても同じ様であり、M&A件数は年間十万件を超え、買収総額は五兆ドル以上と報告されている。[4] 続く二〇二〇年は、新型コロナ感染症のパンデミックにより、未曽有《みぞう》の世界的な経済活動の停滞を余儀なくされたが、M&Aの落ち込みはさほど大きくなく、むしろ資本効率への意識の高まりにより、企業の再生や再編などによる経営改善に取り組む必要性から、その経営戦略上の重要性が高まっている。ポストコロナ時代は、組織再編やM&Aがこれまで以上に増えることが見込まれる。

M&Aの多くは、同じ国の企業どうしであるが、近年は買収側と被買収側の国が異なる企業統合（国際的M&A）が増える傾向にある。買収金額では、国際的M&Aの方が、その件数の割合に比べて大きく、大型案件が多いことを示している。M&Aは、その形態や対象企業の種別・本拠国などにより類型化されるが、ここでは同じ市場分野の企業どうしで行われる水平型のタイプである国際的M&Aの事例を取り上げたい。なぜなら、国境を跨《また》ぐ企業統合での課題は、現今のグローバル化した経営環境において、どの企業にも共通するテーマとして、その重要性を増して来ているからである。

## M&Aの成果は達成されたか？

これまでに多くのM&Aが行われたが、その結果はどうだったのか。とくに大型のM&Aは、成約時にメディアの多くが注目して、センセーショナルな報道がなされたりするが、統合後の経過や結果については、際立つトピックがない限りあまり報道されることもない。しかし、当然のことながら、契約はあくまでも手段であって目的ではなく、そのまま成功に繋がるとは限らない。

これまでの報告ないし研究では、M&A件数の増加にも拘《かかわ》らず、これによって期待した成果を達成できた件数はそれほど多くはなく、むしろ約半数以上、報告によっては七〇%余のケースで、当初の期待値を達成できなかったとされる。[5] 日本企業が関わった海外M&Aのケースに限ったデロイトトーマツによる調査[6]でも、成功基準（目標値の八〇%以上）を満たして成功したとする回答は、全体の三七%と報告されている。

また、多くの報告で、企業統合でのシナジー効果の達成を阻害する主要因として、対象となる企業の文化（以下、組織文化と呼ぶ）の相違を挙げている。[7] しかしながら、PMI（Post Merger Integration）と呼ばれる統合プロセスの実態を明らかにする報告は少なく、具体的な例示を伴わない指摘になっている場合が多い。とくに日本企業が関わったM&Aについて、ブラックボックスを開けるような分析はいまだ見当たらない。

前述のシスコ社の例では、組織文化が適合する買収先企業を選ぶため、候補企業の組織文化について、徹底した事前調査を行っていたと報告されている[8]。こうしたことから、PMI以降の組織再社会化で文化的側面がどのように達成されるかは、期待される成果の実現に大きく影響を及ぼすものと考えられる。

ＰＭＩでは、それまでにある組織に適応して社会化した人々が、別な組織で社会化した人々と一緒になって、新しい組織を構成する。それは、異文化混成チームであり、規模の違いはあるにしても、アナハイムの再現といえよう。そこでは、異なる文化の壁に伴うさまざまな困難を抱えながら、再社会化が進むことになるのである。

## カルチャーショックは避けられない

異文化混成チームのメンバーは、皆、その程度には個人差があるにしても、カルチャーショックを経験することになる。カルチャーショックを初めて定義付けしたのは、カナダ生れの人類学者、カレルヴォ・オバーグで、一九五四年にリオ（ブラジル）の女性クラブにおいて、異文化経験に直面している宣教師たちに共通する悩みについて、講演を行ったのが初出とされる。

フィンランド人の両親のもとで育ったオバーグは、長い間アメリカに居住し、その後アメリカ市民となった。非常任の教育職として過ごす傍ら、現地に住み込んで調査・研究することに情熱を注ぎ、北米アラスカ、欧州、そして南米と、三つの異なる大陸で数々のフィールドワーク（現地調査）を行っている。カルチャーショックは、オバーグの実体験に裏打ちされた概念定義であったといえよう。

この言葉には、突然に動揺するといったニュアンスがあるものの、これは一度のイベントですぐに生起するというよりも、ある期間、異文化に触れ、さまざまな不快なことを繰り返し経験した結果として、精神的なダメージを受けることを指している。オバーグによれば、通常次の四つのステージで進行するとされる。[9]

最初は「ハネムーン」ステージである。新しいものはすべてエキゾチックで刺激的であり、幸福感を伴ったポジティブな段階である。しかし、長く続くことはなく、数日から数週間で終わる。一般の旅行者の場合はこのステージで終わることが多い。

次に来るのは「いらだちと反抗」ステージであり、病気となる危機が伴う不安定期とされる。短い人で三ヶ月、長い人は一年から一年半続き、この段階から抜けられず、身体的な不調を来たす場合もある。続く第三のステージは、「漸進的な調整」ステージで、あきらめの境地に近いとされ、諦観《ていかん》期とも呼ばれる。そして、最後のステージが「二文化併存」で、異文化に適応して安定した段階である。

このように、異文化への適応は時間の経過とともにU字形に推移することから、Uカーブ仮説と呼ばれる。最終ステージでの適応度は、最初より少し低くなるとされ、人によっては単純なUカーブではなく、波状に何度か起伏しながら適応期に向かう場合もある。また、海外で異文化に適応した人が、帰国後、元の自文化への再適応過程に入って不安定期に陥る例もあり、この場合も、諦観期を経て元の文化への適応期に戻る。これは二度の落ち込みを経ることから、Wカーブ仮説と呼ばれる。

カルチャーショックの過程は、多くの場合、自分自身で乗り越えることができ、必ずしもネガティブな面だけでなく、人間的成長の転機となるポジティブな面もある。異文化混成チームの各メンバーが、こうした異文化ストレスを軽減し、自らの適応期を少しでも早めるには、自己の文化への気付きによる状況の複眼的な把握と、自分の位置（Uカーブのどこか）を定期的に自覚すること、そして、次に述べる非言語能力を、言語能力とあわせて高めることが有効とされる。[10]

## 沈黙の言葉を理解する

オバーグとほぼ同じ時期に、異文化コミュニケーションについて、先駆的な研究を行った米国の文化人類学者、エドワード・ホールは、「国を異にする人びとの間で、意思が疎通していないことが明白になると、とかく、お互いに『物わかりの悪い外人』のせいにしては、外国人というのは愚かで、不正直で、間の抜けた連中であると言いがちである」と指摘し、[11]異文化コミュニケーションの難しさを認識することの重要性を説いた。

ホールは、とくに非言語的言語、すなわち、時間に対する感覚や意識、対人での空間的距離の取り方、仕事と遊びに対する態度や行動様式などを「沈黙の言葉」として、言語と同じように重要であることを示した。沈黙の言葉は、言語とは違って教育される機会がないものの、日常的に絶えず使われ、意図して発せられる言語とは違って、無意識のうちに出ることも多く、本音に近い感情を伝えている。米国の心理学者、アルバート・メラビアンは、コミュニケーションの際、話している内容（言語）と声のトーンや態度（非言語）に矛盾があったとき、人はどのような受け止め方をするかについて実験した。[12] その結果によれば、相手に伝わる割合は、言語（話の内容）で七％、聴覚（声のトーンや大きさ）で三八％、視覚（表情、態度、視線など）で五五％であった。これらは感情や態度を伝える際の結果であり、コミュニケーション全般にそのまま適用されるものではないが、沈黙の言葉によるコミュニケーションの重要性を示している。とくに異文化コミュニケーションにおいては、非言語的言語による割合は高くなり、意思の疎通を図るには、これらが正しく受け取られることが重要となる。

ホールは後年、さらに、コミュニケーションの取り方を、コンテクスト（文脈、状況、背景）という概念で区分した。[13]「高コンテクスト」は、言葉として表現される情報は少ないが、言葉にされないコンテクストによって、解釈が大きく影響される仕方であり、日本語がその典型とされる。たとえば、日本語の会話を学ぶ外国人が、最初に覚えるのは「どうぞ」と「どうも」だそうである。この二語さえ知っていれば、あとはコンテクストでさまざまな意味を伝えることができ、これが日本で何とか暮らしていける最低限の日本語で、サバイバル・ジャパニーズとされる。[14]

一方、「低コンテクスト」は、コンテクストにあまり影響されず、言葉で表現される情報に依存して解釈する仕方であり、伝えたい情報の大半は言葉に盛り込まれなければならない。ドイツ語や英語がその典型とされる。一般に、日本人は欧米人に比べるとプレゼンテーションが弱いとされるのは、教育や訓練機会の多寡も然ることながら、元々の高コンテクスト文化によるところがあるのかもしれない。

高コンテクスト文化の人と、低コンテクスト文化の人とのコミュニケーションは、こうして一段と難しくなるのである。異文化混成チームでは、言語障壁のみならず、このような非言語的言語の障壁もあり、言語と非言語の両方を合せて、正しく解釈できるようにすることが必要となる。

## 組織再社会化を考える

組織社会化は、ある組織に新たに加わったメンバーが、その組織の目標、価値、規範、習慣的行動様式などを学習し、それらを内面化して、その組織に適応していく過程である。M&A後の統合プロセスでは、すでに前の組織に適応したメンバーが、新たな組織で再び組織社会化することになるため、ここでは組織再社会化と呼んでいる。これまではどのように捉えられてきたのだろうか。

一九六〇年代初頭、米国の心理学者、エドガー・シャインは、組織と個人、およびその相互作用を対象に、個人のキャリア発達の視点から、組織社会化について萌芽《ほうが》的な研究[15]を行っている。シャインは、XY理論[16]で著名なダグラス・マグレガーに呼ばれて、MITで研究活動を続け、これまでに組織文化、キャリア開発、組織的学習などで多くの学究的業績を上げている。

シャインによれば、組織社会化は、まず学校に入ったときに起こる。そして卒業し、ある組織に入って最初の仕事に就いたとき、より劇的に起きる。また、組織内で部署が変わったり、職位が変わったりしたときも起こる。さらにまた、ある組織を離れて、別な組織に入ったときも強く起きやすい。つまり、個人の生涯を通したキャリアの至る所で体験され、その影響は就職や転職時において顕著に出る。組織社会化の効果は、その達成度によって、組織へのコミットメント（忠誠度）や、生産性、離職率などが決まることである。したがって、組織の安定性と有効性は、新たなメンバーがいかに組織社会化するかによることになる。

シャインは、一度、職に就いて組織社会化した個人が、別の組織に入って再び組織社会化する過程を、前の社会化と区別して捉えることはしていない。しかし、勤続年数別に調査したその後の研究[17]から、新人とベテランでは、組織社会化の過程が明らかに異なることが示された。さらに、前の組織と新しい組織とが、規則・規範・価値などの面で隔たりが大きい場合、新しい組織への社会化はよりいっそう難しくなる。したがって、企業統合に伴う組織社会化は、入社したての新人の場合とは異なることから、ここでは組織**再**社会化と呼ぶことにしている。

組織社会化の過程については、段階的な社会化のモデルがさまざまに提案されている。これらは、個人が態度変容をしながら段階的に組織に適応していく過程を、各段階での社会化の課題、たとえば、自分の期待との適合度、役割の明確化、組織に対する信頼度など、を達成することで徐々に適応が進むという前提を持っている。しかしながら、それらは、初めて職に就いた新人を主な対象としたものであり、ここでは、組織再社会化を前提としたモデル化や、その実証に焦点を当てることにしたい。

M&Aに伴う企業統合を、組織再社会化の過程という視点から考察する報告は、組織文化の違いが統合結果に及ぼす影響についての研究の多さに比べると、際立って少ない。これまでのM&Aに関する文献では、PMI（統合プロセス）で失敗するというのが、大方の一致した見解であることを受け、米国の経営学者、アギレラらは、統合プロセスを成功させるための決定的要件は、組織メンバーを、いかに効率良く組織再社会化するかであるとし、その効率を最大化するための、PMI管理の枠組みを提案している。[18]

そこでは統合プロセスを、組織メンバーの社会文化的な一体化と定義し、買収側のマネジャーが統合プロセスのどこに注力すべきかを提案している。たとえば、新たな組織の役割や職務の特性は、すべてのメンバーにオリエンテーションやトレーニング中に成文化して伝達する。必要な専門用語や組織の方言などは、上司、同僚、秘書やサポートスタッフを通じて、すぐに学べるようにする。そして、メンバーが新たな権限の階層を理解できるよう、社会的活動やレクリエーションを通じて認識させるなど。だが、そこでは買収側の視点から考察されており、双方が対等に新組織へ統合されるようなケースは前提とされていない。

英国の経営学者、ヤラビクは、M&Aにおける組織再社会化に関わる初の実証的研究として、二〇〇六年にドイツ企業に買収されたトルコ企業の調査結果を基に考察した[19]。そこでは企業統合時の人事管理におけるリテンション（必要な人材を新組織から離職させずに維持するための施策）に着目している。統合プロセスにおいて、組織メンバーに対するオリエンテーション・プログラムの実施や、組織の目標と価値に関する情報を、人事管理部門から本人へ正式に直接提示することは、新組織への忠誠度を高めて離職率を減らすのにプラスの効果があるとする一方で、同じ情報が手書きの書面や同僚から間接的に伝えられると、マイナスの効果があるとするなど、興味深い結果を示している。しかし、この研究では、統合後の企業成果との関連には触れていない。このように、組織再社会化の視点から、統合プロセスを分析する取り組みはまだ限られており、ここで組織再社会化の過程が、企業成果へどのように影響するかを考察することは、企業統合への事前的な戦略を考える上でも意義があるといえよう。

# 第二章　組織の文化は成果に投影される

組織文化とリーダーシップは、一つのコインの表・裏と言える。組織のリーダーが行う真に重要な唯一の仕事は、文化を創造し管理することである

（Schein 1985　清水・浜田 訳[1]）

## 文化と風土は同じか？

組織を「文化」という視点から考察することは一九三〇年代から行われていた。また「風土」という概念もあり、組織風土も同じく三〇年代の研究まで遡《さかのぼ》ることができる。組織風土と組織文化とは、元々、異なる概念として考えられてきた。

組織風土は社会心理学を起源とし、仕事環境で活動する個人が、直接または間接的に知覚し、その人のモチベーションや行動に影響を及ぼす仕事環境の特性である。その研究には、質問紙調査などによる定量的手法が主に用いられる。一方、組織文化は文化人類学を起源とし、組織のメンバーが共通して持つ、価値観・規範・信念を含むものとされ、その研究には定性的手法で個別記述的なアプローチが多い[2]。

しかし、一九八〇年代に、米国企業に比べて日本企業の躍進ぶりに注目が集まったことが契機となって、組織文化の違いという視点から、経営手法の特徴や企業業績との関係を取り上げたいくつかのビジネス書がベストセラーとなり、「組織文化」がキーワードとして一躍ブームとなった。翻訳版の邦題では『セオリーZ』[3]、『シンボリック・マネジャー』[4]、『エクセレント・カンパニー』[5]などである。とくに『エクセレント・カンパニー』は、当時、世界中で六百万部を超える一大ベストセラーとなり、それまでは、組織論や企業戦略などに関心を向けるのが主流であった欧米や日本のビジネス界に、大きなインパクトを与えた。これ以降、組織風土の研究は、組織文化に比べると影が薄くなったとされる。[6]また、組織文化の研究でも、定量的な調査法を用いて、文化の相違を考察するような研究が目立つようになり、組織風土と同じような研究手法がみられるようになった。

こうしたことから、組織文化と組織風土とはそもそも何が異なるのか、あるいは、見方が異なるだけなのかといった議論がある。組織文化は、組織風土を包含する概念であり、組織風土の上位概念として位置付けられるとし、[7]組織風土は組織文化が顕在化したものであり「自覚された組織文化」として理解できるとする見方もある。[8]また、これまでの両方の研究をレビューした結果、これら二つの概念は重なっている、ないしは、片方がもう一方を包含している場合が多いとの指摘もある。[9]

しかし、米国の社会心理学者、シャローム・シュワルツは「組織風土は文化ではない。風土は、組織での仕事について、個々人の期待が満たされているかどうかの測定尺度である。（中略）それに対して、文化は人々に共有された信念と期待のパターンそのものであり、組織内での行動に関わる規範を生みだす」[10]とし、明確に区別している。シャインもまた、風土とは、組織のメンバーが、組織と権限システム、従業員の参画やコミットメントの程度などのソフトなものを、どのように知覚しているかであり、一方、文化の前提は、組織の戦略や構造といったハードなものを支配するものので、風土とは元来異なるもの[11]としている。

その後、文化と風土の両方を同時に分析する研究や、両方をマルチレベル・モデルとして統合した研究もみられる。このように、組織文化と組織風土とは、依然として議論が残るものの、それらの原点に戻ってみると同じとは言い難く、ここでは、組織の戦略や構造に影響を与えるような、組織メンバーに共有された組織特性を対象とすることから、組織文化を扱うものとする。

このほかに類似する言葉として、社風や企業体質などがあげられる。社風は、英訳では company climate や corporate culture とされたり、あるいは、corporate atmosphere や corporate style とされたりするなどさまざまである。日本的経営の理論で知られる経営学者、津田眞澂《ますみ》によれば、社風とは、その組織内の人々を支配し、人々に共通している「空気」であり、日本独特の文化的要素であって、日本以外にはないとされる[12]。社風はその会社に特有の気質を表し、その組織について個人が知覚した心理的状況を指していることから、どちらかと言えば、組織風土に近い概念であるといえよう。企業体質は、企業が持つ性質や特徴を指し、一般には、社風または組織風土を指しているとされる[13]。

## 組織文化をどう捉えるか

「文化」という言葉から想起されるものはまことに幅広い。一般には、「人間の知的洗練や精神的進歩とその成果、特に芸術や文学の産物を意味する場合もあるが、今日ではより広く、ある社会の成員が共有している行動様式や物質的側面を含めた生活様式を指すことが多い[14]」とされる。「組織文化」の定義もさまざまで、厳密には研究者の数だけあると言われている。話を進める都合上、ここでは次のように定義したい。すなわち、組織文化とは、組織において、そのメンバー間で共有された価値観や信念に基づく、行動規範や思考様式である。

ここで企業文化にも触れておきたい。組織文化と企業文化とは、しばしば、相互に入れ替え可能な同じ意味の用語として使われ、一つの文書中で混用されることもある。企業文化は、文字どおり経済活動を行う企業と呼ばれる組織体の文化であるのに対し、組織文化は、企業の他に、行政組織、学校やNPOなどを含めた組織一般の文化を指すと考えられる。しかし、前に挙げたベストセラー本に代表される「強い企業は強い文化によって作られる」という論旨を企業文化論と呼び、その後の、より一般的な文化論を組織文化論と呼んで区別したり、また、企業文化は、経営者の価値観に基づいて組織内に浸透したトップダウンの文化であるのに対し、組織文化には組織メンバーの価値観が含まれるとして、文化の源によって区別したりすることもある。ここでは、企業における文化を取り上げるが、そこには経営者のみならず、企業組織メンバーの相互作用による影響も含まれること、また、組織文化は企業文化を包含した概念と考えられることから、組織文化という呼び方に統一したい。

組織文化には二通りの捉え方があり、研究のアプローチを大きく二分している。一つは、機能主義的な捉え方であり、組織文化はその企業を構成するもので、企業が持っているものとする考え方である。これは、シャインの組織文化論や、前述のベストセラー本が依拠する捉え方である。組織文化は組織メンバーの行動に影響し、その企業の成果に投影されて、企業経営に重大な影響を及ぼす。したがって、組織文化は経営管理の手段になるとともに、組織文化そのものが経営管理の対象になる。[15]すなわち、組織のリーダーは組織文化を創ったり、変えたりすることができるとする。

もう一つは、解釈主義的な捉え方であり、組織文化は企業そのもののメタファー（暗喩《あんゆ》）であって、企業のあり様そのものであるとする。したがって、組織文化はそこにあるわけではなく、組織メンバーから創発的に生まれるものとされる。[16]この捉え方では、組織文化を経営管理の対象として、リーダーがこれを変え得ることには否定的である。

このように、組織文化をどのように捉えるかは、その根幹に関わる問題でもある。こうした二項対立的ではなく、異なる視点で組織文化を考察することが必要であるとし、独立して補完し合う複数の視点から、それぞれ組織文化を複眼的に認識しようとするマルチ・パラダイム・アプローチ[17]も提案されている。

近年の報告では、日本および米国の企業二二社について、組織文化の形成から発展までのプロセスを調査・分析した結果、各企業における文化とは、自然発生的に生じるものではなく、何らかの意図をもって、組織内に文化として定着されるもの[18]としている。また、筆者の企業経験より、組織文化は人から人へと伝承され、リーダーによって変わり得るとともに、組織メンバー間の相互作用によっても影響を受けるという実感を持っている。こうした立場から、本書では、組織文化はリーダーシップ、および、組織メンバー間の相互作用を通じて、創ったり変えたりすることができるものとする。

## 組織文化と国民文化

それぞれ異なる国や地域に基盤をおく企業間で、その組織文化の違いを見るとき、国民文化についても考える必要がある。国民文化とは、ある特定の国や地域に住む人々が、共通的に持つ価値観や行動様式であり、その国や地域の歴史、政治、経済、社会システムなどから影響を受ける。

オランダの社会心理学者、ヘールト・ホフステードは、一九七〇年代、IBMおよびその子会社の従業員十一万人余を対象として、五十カ国以上の国と地域の文化的な価値観に関する大規模な比較調査を行った。その結果、国民文化を相対的に捉える五つの次元を見出した[19]。それらは、①権力の格差（国の制度や組織において、権力の弱い人が、権力が不平等に分布している状態を受け入れている程度）、②個人主義（人はそれぞれ自分自身と肉親の面倒をみればよいとする）か、集団主義（人はメンバー間の結び付きの強い内集団に統合され、忠誠を誓う限りその集団から保護される）か、③男性らしさ（仕事の目標として高い給与や昇進の機会を重視）か、女性らしさ（上司や仕事仲間との関係を重視）か、④不確実性回避の程度（不確実な状況や未知のことに対して脅威を感じる程度）、そして、⑤長期的志向か、短期的志向か（後年の別調査により追加した次元）である。

その後、この研究結果に基づき、一九九一年から十年以上掛けてGLOBE研究プログラムが推進され、調査対象を拡大して六二カ国で調査が行われた。[20] GLOBEの報告では、国民文化を捉える次元は、ホフステードの示した五つを拡張して九つとしている。

どちらにおいても、本書で取り上げる事例の日本と米国、あるいは、日本とスイスでは、国民文化に顕著な相違がみられる。たとえば、①権力の格差では、日本と米国は中位でスイスはやや低い。②個人主義の傾向は、米国がもっとも高く、スイスはやや高く、日本は中位。③男性らしさは、日本がもっとも高く、スイスはやや高く、米国は中位。④不確実性回避の傾向は、日本が特に高く、スイスは中位、米国は低い。また、⑤長期的志向は、日本など東アジア諸国は高く、西欧諸国は低いと報告されている。

組織文化と国民文化とは、独立した別の概念であるとする報告もあるが、多くの研究者は、これらが相互に強く影響し合うものと認めている。すなわち、国民文化は、その国を基盤とする企業の組織文化に影響を及ぼすものであり、たとえば、日本と米国企業間の統合では、組織文化の違いにより、大きな文化的摩擦が起こる必然性があると考えられる。

国際的企業統合における組織文化の相違を見る際、どこまでが国民文化によるもので、どこからが企業固有のものかを見分けることは、興味深い課題の一つである。しかし、国民文化は組織文化へ基底的に反映され、組織メンバーの価値観に不可分に織り込まれている部分が多いと考えられることから、ここでは、組織文化として一括りで見ることにしたい。

## 組織文化は成果へどう影響する

組織文化が統合後の企業成果に与える影響については、これまで数多く報告されている。それらは、企業間の構造や組織の適合性よりも、むしろ組織文化の適合性によって説明できるとする報告[21]も多い。

組織文化の適合性とは、企業間で組織文化がどの程度同じか、そして、買収側と被買収側の両者が、どの程度新たな組織で調和され得るかを意味する。すなわち、組織文化が適合する場合は、組織メンバー間に不満はなく、統合が効率的になり、買収の成功に繋《つな》がるという前提がある。

こうした数多くの研究を俯瞰《ふかん》して、メタ分析（関連する多数の研究結果を統合し、より高い視点から分析する）を行った研究もいくつかみられる。フランスの著名な経営大学院、ＩＮＳＥＡＤを拠点とする研究で、スタールとフォークトは、企業統合における組織文化の相違による影響について、四六編の研究論文をメタ分析し、合せて一千件を超える事例をカバーした研究群に対する、統計的な分析結果を示している。[22]それによれば、組織文化の違いが、企業成果にプラスかマイナスのどちらの影響を与えたかは一定せず、一概には言えないこと、また、組織文化の違いが与える影響は、対象企業間の組織文化の特徴や、業種の類似度に依存するとし、今後は、組織文化の違いが統合プロセスに与える影響や、プロセス自体をいかに効率良く行うか、に向けられるべきだとしている。

欧州を中心に活動をしているテーリカンガスとベリーは、統合企業間の組織文化と、統合後の企業成果との関係について、これまでの研究一九編を詳細にレビューした[23]。その結果は、スタールらと同じように、組織文化の違いが統合後の成果に影響する決定的な証拠は見出せなかったとし、今後は組織文化の違いによる影響の有無ではなく、それらがどのようにして企業成果に影響を及ぼすのか、統合プロセス自体に向けられるべきだとしている。

これらのメタ分析結果が共通して示すことは、これまでのアプローチを見直すことの必要性である。つまり、M&Aにおける組織文化に関わる研究は、統合プロセス自体に踏み込んで、統合成果の必然性との関連を分析することが必要であることを示している。本書では、事例を通してこうしたアプローチを行いたい。

## 統合プロセスのモデル

統合プロセス自体については、統合する形態に沿って理論的モデルがいくつか提案されている。どのM&A案件にも独特の要素があり、それぞれ特徴がある。したがって、統合に当たっては、それらの特徴に合わせた検討が必要とされる。モデルには、統合企業間の相違点と、狙いとする統合後の自律性・独立性の程度などにより、どのような形態をとるべきかを示すものが多いが、組織文化の相違の程度によってモデル化した研究もみられる。

米国、ナハヴァンディらは、文化人類学における文化変容の形態を参照し、統合プロセスは、組織メンバーが互いに影響を及ぼしあって、組織文化が変わっていく過程であるとしてモデル化を行った[24]。ここで文化変容とは、異なった文化を持つ集団が接触した結果、その一方、あるいは双方の文化に、変化が生じることを指している。この研究では、買収側企業の文化変容モードを、自文化への統一を指向する「同化」、被買収企業の文化を認め多文化を許容する「統合」、事業関連性が低いため多文化を許容する「分離」、どちらでもない文化を指向する「文化喪失」の四つに分ける。一方、被買収企業についても、自文化の維持に価値を認めず買収側文化に魅力を感じる「同化」、自文化を維持しつつ買収側文化にも魅力を感じる「統合」、自文化の維持に価値があるとし、買収側に魅力を感じない「分離」、どちらにも魅力を感じない「文化喪失」に分ける。そのうえで、買収側と被買収側の文化変容モードが、双方とも「同化」のように合っていれば、組織メンバーのストレスは少なく、M&Aは成功する確率が高くなるとしている。

一方、ウェーバーらは、買収側と被買収側との組織文化の違い（例：ホフステードの不確実性回避）の程度と、統合によって期待するシナジー効果の大きさに応じて、どのような統合形態をとるべきかのモデルを示している[25]。そこでは、シナジー効果が大きい場合、組織文化の違いが小さい組み合わせでは、統合する程度を高めて吸収・同化する形態とし、違いが大きい場合は、中ぐらいの統合にして共生する形態とする。シナジー効果が小さい場合は、統合程度を低くして維持または保持する形態がよいとしている。

しかし、これらのモデルは、統合する企業の選択や、統合形態を検討する上での指針を与えるものの、実際の統合プロセスを通じて、モデルの妥当性や有効性の範囲を示すような実証的な追研究は見られない。また、このような文化変容モデルにおける課題は、買収側は自社文化を変えず、被買収側が買収側に合わせてその文化を変えるかどうか、という前提でモデル化されている点である。買収側が常に多数派であるとは限らず、現にここで取り上げる事例で買収側は少数派である。また、文化変容が組織メンバー間の相互作用によるとすれば、双方向の影響が考えられ、買収側が被買収側の影響を受けて変わることもあり得る。さらには、組織メンバー間の相互作用だけでなく、マネジメント層からのトップダウンの作用による影響も考えられる。したがって、本書ではこれまでのモデルを参照しつつ、新たなモデルを考えたい。

## 企業成果の指標となる品質

組織文化がその企業の経営方針や施策に反映され、延《ひ》いては企業成果に影響を及ぼすことは、これまでのさまざまな研究で明らかにされている。したがって、組織再編の過程で、組織内に文化的不整合の状態が生じると、それが企業成果に何らかの影響を及ぼすことになる。多くの文献がそのことを裏付けている[26]。

再編後の企業成果を評価する際、これまでは多くの場合、ＲＯＡ（総資産利益率）やＲＯＥ（自己資本利益率）などの財務的指標が用いられてきた。しかし、それらは組織再編の結果を、後《のち》に総括する指標としては適していても、再編が進む過程での企業成果の推移を分析する上では、時間軸上での分解精度が十分ではない。また、統合過程での財務的指標には、統合プロセスの進捗程度以外にも影響を及ぼす因子が多くあるが、それらの影響を区分して除くことはできない。したがって、統合プロセスの進捗状況を評価する指標として、財務的指標は適さない。

代わりの指標として、その企業の製品やサービスの品質を用いることが考えられる。品質は企業の競争優位性を高め、収益改善をリードする指標であり、企業成果を評価する上で、主要な指標の一つとなることは論を待たない。Ｍ＆Ａの結果が品質にどのような影響を与えたかについては、これまでいくつかの報告がある。

顧客に知覚された品質としてのブランド資産価値が、Ｍ＆Ａによってどのように変化したかを調査した欧州での研究[27]によれば、消費者への質問紙調査に基づき、低いブランド・イメージの企業が、高いブランド・イメージの企業を買収した場合、買収側企業のブランド資産価値は上昇するものの、被買収企業のブランド資産価値は、著しく低下することが明らかにされている。すなわち、買収によって、相手企業の高いブランド・イメージをそのまま得ることは困難であることを示している。

製品自体の品質（製品品質）についてみると、米国のアナンドらは、統合後の企業能力の変化を測る四つの変数として、開発能力、製品品質、コスト効率、および、製品ラインの拡張に着目して、二百以上のM&A事例について、質問紙やインタビューなどにより調査した[28]。この結果は、地理的な多様性を持つ多国籍タイプの方が、国内どうし、または二国間のみの場合より、統合後に企業能力が上がったことを示している。なお、組織メンバーの構成で、出身や属性の多様性が高まると、そのチームの創造性が高くなることは、他の例でも報告されている。

米国のロペスは、米国での代表的な企業統合の三つの事例について、統合後に組織文化が変わったかどうか、そして、その影響が製品品質、顧客の評判、および、市場シェアにどのように及んだかを評価した[29]。その結果、三事例とも、統合後に組織文化が明らかに変化したこと、そして、顧客の評判と市場シェアは低下したと報告している。一方、製品品質は検証できていないとしながらも、低下は認められなかったとしている。

製品品質を取り上げた研究例に共通することは、統合前後における対象企業内で計測された結果を比較することで、変化の有無を見ている点である。しかし、製品品質に関する限り、企業内の評価と顧客による評価が同じでない限り、企業内評価のみで変化したかどうかは分からない。なぜなら、製品品質の基本となる顧客での評価は、顧客自身の期待する品質への要求水準が変わったり、競合する他社製品との相対的評価が変わったりすることによっても左右され、それらに当該企業が対応できたかどうかによって変わるからである。

フェアフィールドソンは、米国における品質分野の企業コンサルタントとして、二十年以上のキャリアを持ち、その著作の中で、品質を継続的に向上させるには、ツールや技法を適用することよりも、むしろ、品質に関わる組織文化を変えることの方がより重要であるとした。[30] 多くの研究者や企業の実務家も同じような報告をしている。このように、品質に関わる組織文化が、その企業の製品やサービスの品質に影響を及ぼすこと、すなわち、統合プロセスにおいて組織文化の不一致が生じると、それは製品やサービスの品質に何らかの影響を及ぼすことが考えられる。したがって、組織再社会化での品質に関わる文化的側面は、企業成果を左右する重要な要件と考えられるが、これまではほとんど取り上げられていない。本書では、次に述べる文化と品質の関係をベースにして、実際の事例データを分析し、組織再社会化の進捗と製品品質の変化との関係を明らかにすることを試みたい。

# 第三章　文化と品質のつながり

一つの世界から思考は生まれない。
二つの世界を比較することによって初めて生まれるものである
(Piaget 1964　滝沢 訳[1])

## 品質とは

「品質」は英語のQualityの訳語である。デミング賞で知られる米国の統計学者、エドワーズ・デミングの右腕として全米をまわり、品質管理哲学を広めた統計学者、吉田耕作によれば、「Qualityを『品質』と訳したのは最大の失敗であった。Qualityは『質』であって、品物の質、Quality of Goodsではない」とし、その結果、非製造部門の品質管理活動が限られることになり、日本でのサービス産業の競争力が製造業に比べて低い一因にもなったとしている。[2]

そうした面があったことは否めない。しかし、今日《こんにち》「品質」が物品に限った質を指す用語とされていないことは明らかである。一九九一年制定のＪＩＳ（日本工業規格）では、「品質とは品物またはサービスが、使用目的を満たしているかどうかを決定するための評価の対象となる固有の性質・性能の全体」とされた。その後、この定義は廃止されたが、代わりにＩＳＯ（国際標準化機構）において、「本来備わっている特性の集まりが、要求事項を満たす程度」と定義されている。どちらにしても、対象が有形か無形かを問わず、使用目的、ないしは、要求項目を満たすための特性を指すことでは同じである。

さらにＩＳＯでは、要求項目には暗黙の要求事項、すなわち、明示されていなくとも、当然備わっていなければならない項目も含まれるとしている。したがって、ここでは、品質とは明示されるかどうかにかかわらず、製品やサービスの特性が、顧客の要求を満たす程度とする。顧客の要求は横並びで同じではなく、また、長期にわたって一定でもない。つまり、品質は、顧客によって、その要求水準に照らして相対的に判断されることになる。また、製品やサービスの供給側であるサプライヤにとって、品質とは、他のサプライヤと比較して、常に同等以上（相対的な優位性）を求められる特性の一つといえよう。

本書では、品質の変化を見るのに、サプライヤ自身が生産プロセスなどで把握した内部的な品質指標に限ることなく、むしろ、顧客によって評定された外部的な品質指標に基づいて判定することにしたい。

## 品質は文化によって変わる

品質は顧客の要求を満たす程度とする以上、顧客側の価値観などによって求められる品質が、どのように影響を受けるかについても考える必要がある。同じ製品であっても、国や地域が変われば、その品質に対する評価が変わることは間違いない。

マーケティング分野では、顧客満足度（Customer Satisfaction：以下CSと呼ぶ）が評価指標として一般に用いられている。これについて、現在、もっとも支配的な理論は、米国の経営学者、リチャード・オリバーによる「期待不一致モデル[3]」とされる。このモデルによれば、CSは、製品やサービスを使用した際に顧客が感じる知覚品質と、事前期待として顧客が持つ比較標準との差（不一致）により生成されるとしている。つまり、知覚品質が同じでも、事前期待が高ければCSは低くなり、逆に事前期待が低ければCSは高くなる。

CSの国際比較を行った研究結果（国別、三年間の平均値）によれば、国によって明らかな違いがあり、もっとも高いのは米国で、次にフィンランド、デンマークなどの北欧諸国が続き、ドイツや日本は低いグループに入る。[4] ここで、CSが低いとは、品質のレベルが低いということではなく、事前期待が高い分だけ高いレベルの品質が求められることを意味する。

日本における品質へのこだわりは、たとえば、スーパーなどで売られる果物を見ても窺《うかが》い知れる。日本では外観やサイズで区別され、揃った品物として値付けされることが多いのに対し、米国では山積みのバラで量り売りされることが多く、外観やサイズへのこだわりは少ないようである。

CS値の傾向は、国民文化の不確実性回避の程度と高い相関性（負の相関）があり、この程度が高いほどCSは低くなるとする結果が、先の文献[5]で報告されている。日本の国民文化は前章で述べたように、不確実な状況を避け、正確さや規則正しさを求める傾向が強く、それだけ品質に対する評価は厳しくなる。このことが日本製品の高品質化を促してきたともいえよう。一方、米国では不確実性回避の程度が低く、同じレベルの品質でもCSは高くなる傾向がある。このように、国民文化の違いにより、品質は国や地域によって変わることになる。したがって、顧客によって評定される品質指標を、異なる国や地域の間で同じ様に扱うことには注意を要する。

## 品質の枠組と三つの層

「品質の枠組」はここで初めて登場する用語である。これは品質を形づくる構造、ないし様式であり、組織メンバーが共有する組織文化の、品質に関わる側面を含むものである。これには、品質に関わる組織の仕組みや製品仕様など、物理的で可視性の高いものから、品質に対する価値観、思考や行動の基礎前提となる無意識的な信念など、心理的で可視性がないものまでを含んでいる。それは可視性の高い順に、三つの層で区分され、第一層「品質の表層」、第二層「表層の基準値を決める論理・価値観」、第三層「何を基準とするかを決める論理・基礎前提」として定義される。

この概念は、シャインが示した組織文化の三層モデル[6]を参照し、品質に焦点を置いて、認知科学の視点から筆者が再定義したものである。ここではさらに、品質の枠組についての「慣性力」を定義する。品質の枠組は、M&Aなどを契機として、組織の環境変化に合わせて変わり得るが、変わり難さの程度を表すのが慣性力である。つまり、慣性力が大きい場合は変わり難く、小さい場合は変わりやすい。

組織の慣性力については、これまでにさまざまな研究が行われてきた。一九七〇年代後半での代表的な組織論（組織運営のあり方についての理論）であったコンテンジェンシー理論では、組織の有効性は、環境や技術と、組織の構造や過程との適合程度に依存するとし、組織の有効性を維持し

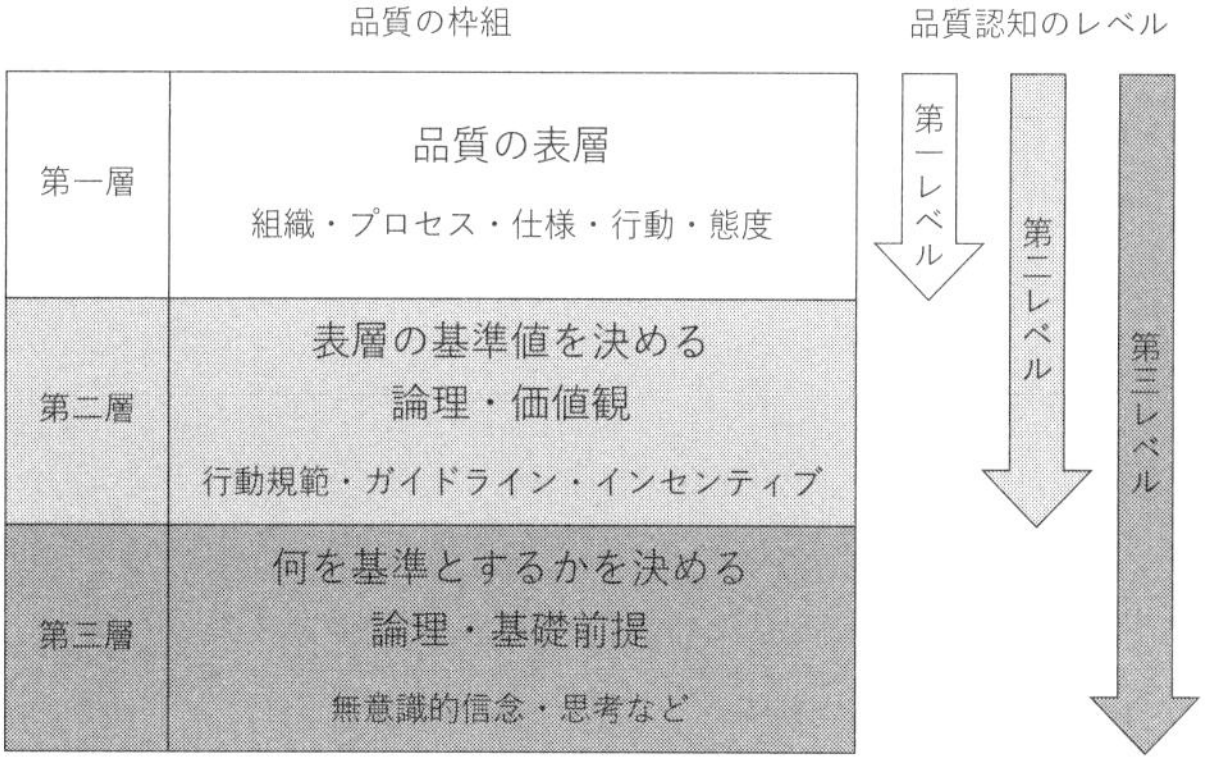


**図 3-1　品質の枠組と品質認知のレベル**

向上させるには、環境や技術の変化に対応して、組織の構造や過程を変えることが必要とされた[7]。

しかし、その後の研究で、有効な組織であっても、変化に逆らう強い抵抗力を持つことが示された。米国のマイルズらは、組織の内部に高度の整合性ができた場合、たとえ環境が変化しても、内部の整合性維持が自己目的化し、その組織は環境変化に適応しないことを示した[8]。こうした環境の変化に応じて変わることへの抵抗を、ここでは慣性力による抵抗と捉える。慣性力はその性質上、品質の枠組全体について一様ではなく、三つの層のどの層かによって異なると考えられ、各層について別々に定まるものとする。

図3－1に品質の枠組の三つの層を示している。図中の品質認知については次節で述べる。第一層から第三層まで、各層について次に詳しく述べたい。

品質の枠組の第一層は品質の表層である。これには品質に関わる組織構造、プロセス、製品仕様に加え、組織メンバーの行動や態度などが含まれる。これらは、明示的で客観的であり、外部から容易に見えるものである。たとえば、製品の品質に関するデータは、製品仕様の観測された結果であり、この層に含まれる。組織再編の過程で、二つの組織が統合されて一つの組織になること、二つの異なったプロセスが一つの共通プロセスに集約されること、また、相違している製品仕様が一つの仕様に標準化されることなどの諸活動は、この第一層に関わる活動といえる。企業経営の性質上、マネジメント（以後、本書では経営者、または、経営者層の意味で用いる）は、必要に応じてこの第一層を変える手段を容易に執《と》り得る。したがって、この層の慣性力は比較的小さい。

品質の枠組の第二層は表層の基準値を決める論理・価値観である。表層である組織、プロセス、仕様、行動などが、どのような基準によるもので、それらの基準値がどのように決められるかを理解するには、決める基となる認識過程を見る必要がある。たとえば、組織メンバーの行動は、知識の活用に伴った行為であるとすれば、価値観を投影していると考えられることから、さまざまな行動の関係性を表すものは価値観である。つまり、これまでの経験を通じて学習し共有された、品質についての論理や価値観が第二層であり、第一層に比べると、より心理的で主観的なものである。伝統的な企業においては、通常、行動規範や判断基準・ガイドラインなどとして示され、組織メンバーの世代間で受け継がれていく。製品品質の達成度に関するインセンティブ・プランなども価値観の共有であり、この層に含まれる。

組織再編により新たに発足した組織において、その組織メンバーは、新組織の論理や価値観を受け入れて適応すること、すなわち、組織再社会化することが求められる。しかし通常、こうした論理や価値観は、そのすべてが規則・規定やマニュアルなどの形式知（文章や図表、数式などによって説明・表現できる知識）として表出されているわけではない。また、形式知化された場合でも、それら相互間に不整合があったり、実際の行動が必ずしも準拠していなかったりすることがある。つまり、第一層に比べて、この層は可視性が低く、業務遂行などの諸活動の過程で、マネジメントによる教育・指導や、組織メンバー間の相互作用などを通して、認知され浸透していく部分も多い。こうしたことから、第二層は、第一層よりも慣性力は大きく、適応するのにより長い期間を要する。

品質の枠組の第三層は、そもそも何を基準とするかを決める基礎前提となる論理である。なぜそのような価値観を持つことが妥当なのか、さまざまな行動の関係性について、その正当性を担保するのが第三層といえる。もっとも深い層であり、適応するには高次の認識過程が求められる。この層は、組織メンバーに通常意識されることもなく、ほとんどの場合は可視性もない。しかし、思考や行動を決める基礎的前提となるもので、品質に関わる物事に際して、どのように知覚し、どう考え、どう行動するかの意思決定を支配する。そして、明示的かどうかによらず、組織メンバーの世代間で学習され継承されていく。この層の一要素が組織のスローガンとして、たとえば「顧客第一」というように表出されることが時々見られるが、それらは組織メンバーにとって、しだいに当り前のこととなり、無意識のうちに意思決定に反映されるようになる。

第三層は、組織への新たな参入者が、これを理解し受け入れて適応するには、組織メンバー間の相互作用や、マネジメントによる教育・指導などが長い期間必要とされ、この層の慣性力は、他の層に比べてもっとも大きいと考えられる。

統合企業間の組織文化の違いは、品質の枠組に関する慣性力の大きさにも反映される。すなわち、国民文化に大きな違いが見られる企業間での国際的企業統合の場合、慣性力は国内企業どうしの場合に比べて格段と大きくなる。組織再社会化に際して、マネジメントは、可視性が高く、適応するのが比較的容易な第一層のみならず、可視性が低く、慣性力が大きい第二および第三層に着目して、どのように組織メンバーの適応を図るかに留意することが必要となる。

## 品質の枠組に適応していく過程

ここで品質の枠組に適応していく過程を、新たに「品質認知」と呼ぶことにしたい。それは、新組織への参入者が、その組織における品質の枠組を理解して受け入れ、それらに沿った行動をとることで新組織に適応していく、組織再社会化の過程である。ここでの焦点は、それぞれの異なる組織（統合前の組織）に適応した二つの集団が、別な新しい一つの組織（統合後の新組織）となり、一つの集団として適応していく過程であり、新組織全体で品質認知がどのように進むかにある。

品質の枠組を、ポラニーによる二つの認識論的次元[9]、すなわち、「形式知」と「暗黙知」（経験や勘に基づく知識で、言葉での表現が難しいもの）に分けると、第一層は形式知、第二層は形式知と暗黙知の混在、第三層は暗黙知として捉えられる。ただし、これらの各層、ないし形式知と暗黙知とは、独立した別々なものではなく、相互補完的な関係にある。

品質認知において、形式知は可視性が高く、それゆえに学習しやすいが、第二および第三層の暗黙知は、すべてを形式知化することは困難であり、組織における諸活動を通して、何らかの形で表出されることにより、初めて相手に認識され、そして受け手側の学習によって内面化していくものである。

品質認知における内面化とは、各個人がすでに持っている主観的枠組[10]（前に所属した組織での組織社会化によって構築されたもの）を変えようとするもので、そこには変化に抵抗する頑強性がある。人は一度《ひとたび》ある信念を持つと、その基になった根拠が覆《くつがえ》されても、信念それ自体は持続する傾向を持つことが知られている。[11]これは認知バイアスの一種であり、前節で示した慣性力となるものである。このように、品質認知は、各個人の持つ主観的枠組を、新たな品質の枠組に合わせて変えていく、認知発達の過程として見ることができる。

認知発達理論により、この分野に大きな影響を与えたスイスの心理学者、ジャン・ピアジェによれば、認知発達の過程は、個人の内面的世界（内界）と外面的世界（外界）との相互作用によるものであり、内界と外界との間の二段階の心的作用によって、均衡化へ進む過程とされる。[12]人の認知発達[13]は、外界を受容してそれを模写するという単純なものではなく、自分自身が持つ外界に対する主観的枠組と現実の外界との間で、意識的、ないしは無意識的に繰り返される相互作用による主体的な活動とされる。

第一の作用は、すでに自分の内部に構築されている外界の主観的枠組を確固不動なものとして、外界からの入力をできる限りこの枠組の中で消化し、そして、将来の外界での出来事を、この枠組を用いて予想しようとする作用である。しかし、主観的枠組による予想が、外界の現実によって繰り返し何度も裏切られると、自分の内部の主観的枠組自体を、外界に適応する形で変化させる。これが第二の作用、すなわち枠組の改訂である。

一度、枠組が改訂されると、それ以後は、その新しい枠組を確固不動なものとして以前と同じように外界との相互作用が行われる。こうした心的作用が続いた結果、予想が外界の現実によって繰り返し確認される状態に到達したとき、均衡化が達成されたことになる。

組織再社会化において、組織メンバーが内面化の過程で直面するのは、自分の持つ外界の主観的枠組と、実際との不整合である。なぜなら、新組織での品質の枠組は、すでに持っているものとは異なるからである。ここで、外界とされるのは、他の組織メンバー、および新たなマネジメントの両方である。また、こうした状況に直面するのは、被買収側のメンバーに限られることではなく、買収側メンバーにとっても同様である。

異なる品質の枠組に適応したメンバーとの相互作用や、新組織のマネジメントによる新たな方針に基づくトップダウンの作用は、これまで持っていた主観的枠組の中で可能な限り消化しようとしても、新たな現実によって繰り返し裏切られることになり、結局は自分の持つ主観的枠組自体を変えることに向かう。多くの組織メンバーが、第二の作用が進んで均衡化した状態は、品質認知が進み、組織メンバー間で品質の枠組についての不整合が無くなった状態を意味する。それが組織再社会化の達成である。

## 品質認知の達成レベル

認知発達の過程は、外界との違いが明示的であればあるほど、すなわち、可視性が高ければ高いほど、高頻度に自分の持つ主観的枠組による予想への現実の裏切りが起こるため、均衡化へ向かってより早く進むと考えられる。つまり、品質の枠組の層が深いほど、可視性は低く、その層についての認知発達には時間を要することになる。このことは、品質認知が品質の枠組の第一層から第二層へ、そして第三層へと、可視性の高い層から順に進行することを意味する。

そこで、品質認知の達成レベルを、品質の枠組のどの層まで進んだかによって、第一レベルから第三レベルまで、三通りのレベル分けを行う。図3－1の右側には品質認知のレベルを示している。品質認知のレベルは、組織全体を見渡したとき、実際には各個人によっても、あるいは部門によっても異なる。しかしながら、組織メンバーの多くが、ほぼ同じペースで進んだものと仮定して、品質認知の第一、第二、および第三レベルにおける組織の態様について次に述べる。

品質認知の第一レベルは、品質の枠組の第一層まで適応した段階である。これは組織再編時において、組織、プロセス、仕様などが統一されるレベルである。行動や態度については、表面的に一見同じように見えることがあるにしても、それらを意味付ける基準や価値観については、共有が進んでいない段階であり、組織メンバー間で整合性があるのは限られた範囲にとどまる。

品質認知の第二レベルは、品質の枠組の第一層から第二層まで適応が進んだ段階である。このレベルでは、形式知化された行動規範やガイドラインなどは、組織メンバー間に浸透し、関連する行動や態度に反映される。それに加えて、形式知化されていない規範や価値観についても、組織メンバー間の相互作用や、マネジメントによるトップダウンの作用により、理解して受け入れられることが進んだ段階である。しかしながら、意思決定を支配する無意識的な信念や、思考様式などの基礎前提は、依然として組織メンバー間での整合性は低く、広い範囲での意思決定の合意形成は、まだ容易ではない段階であるといえる。

品質認知の第三レベルは、品質の枠組の第一層から第三層まで、すなわち、もっとも深い層まで適応が進んだ段階であり、相互作用やトップダウンの作用を通して、形式知化されない暗黙知や、意思決定を支配する基礎前提についても、ほとんどが共有されて高次の認識過程に進んだ段階である。すなわち、このレベルは、認知発達の過程における均衡化に達した段階であり、組織メンバー間で品質の枠組がすべての層で共有され、意思決定において合意形成が行いやすい段階であるといえる。このように、品質認知とは組織再社会化の過程であり、品質認知のレベルは、組織再社会化の達成程度を示すものである。

## 品質認知と組織文化の同化

品質認知は組織再社会化の過程であるのに対し、組織文化は組織の持つ特性そのものを指している。すなわち、品質認知は変化のプロセスであり、組織文化は品質認知の結果により生じた状態といえよう。組織文化の品質に関わる側面が、品質の枠組の主に第二層および第三層を構成している。品質認知のレベルが組織全体として第三レベルに達したとき、組織メンバーは、第一層から第三層まで同じ品質の枠組を共有している状態であり、これは品質に関わる組織文化が同化（もともと異なる性質や考え方が同じものになる）した状態といえる。組織再社会化とは、組織文化が、統合初期の内部的な不整合状態から、徐々に変わって同化に至ることである。つまり、品質に関わる組織文化が、同化に向けて変容する過程をここでは品質認知と呼んでいる。

これまでは、組織再社会化に関わる背景や課題について、その理論的な概念の定義を含めて述べてきた。それでは、次に具体的な事例で組織再社会化がどのように進むのかを見ることにしたい。

# 第四章　日米企業間の統合で何が起こったか

大規模な経営組織の中での意思決定者は、
自分が所属する部門組織と一体化した限定された
範囲の価値観によって意思決定を行うため、
その結果は部門間の競争や口論の主な原因となる

(Simon 1945 二村・他訳[1])

## 企業統合の事例と経過

事例企業の調査には、通常、情報開示などに伴うバリアがあり、対象となる企業のマネジメントからの了解と協力が欠かせない。ここでの事例は、当該マネジメントが本研究の意義を理解し、社内データへのアクセスや、関係者へのインタビュー調査などに応諾された結果であり、企業統合の過程を実際のデータによる分析で明らかにする、数少ない記録といえよう。

この事例は、日本と米国にそれぞれ基盤を置く二つの企業、買収側の日本企業A社、被買収側の米国企業B社を対象とした企業統合であり、統合して発足した新会社が調査対象の企業C社である。AおよびB社は、どちらも複数の事業部門を持つ企業であり、統合は両社に共通したある電子機器の事業部門を対象とするもので、A社がB社の該当部門を買収し、自社の同じ事業部門と統合して新会社C社を設立したものである。

事業規模が相対的に小さいA社が、規模が大きく事業歴がより長い、B社の一部門を買収して統合する点がこの事例の特徴である。C社の本社は米国に置かれ、生産拠点は米国、日本、欧州、シンガポール、タイ、メキシコなど、世界各国に及んでいる。社内公用語は、A社が日本語、B社は英語であり、基盤とする国の違いも加わって、組織文化が明らかに異なる企業どうしの統合である。

統合に至るプロセスは、一般に、買収契約前の事前調査を行うデュー・デリジェンス[2]（Due Diligence：以下、ＤＤと呼ぶ）、および、契約後の新会社設立に向けた統合プロセス（ＰＭＩ）が主となり、図４－１はそれぞれのプロセスの流れを時系列で示している。なお、各プロセスの所要期間は参考のための例示であり、Ｍ＆Ａの規模や統合方針などによって異なってくる。

## デュー・デリジェンスの実施

デュー・デリジェンス（ＤＤ）は、契約前の調査と確認のプロセスというべきもので、買収契約に先立ち、買収側が被買収企業の価値や、買収に伴うリスクを査定する重要なプロセスであり、通常、買収に利害関係を持たない監査法人などの専門的アドバイスを受けて実施される。この事例では、監査法人に加えて、Ａ社より研究・開発、生産、調達、販売、ＩＴ、財務、人事など、各分野の専門家がＤＤチームに加わって実施された。このＤＤによって、Ｂ社の被買収部門に関する経営資源や

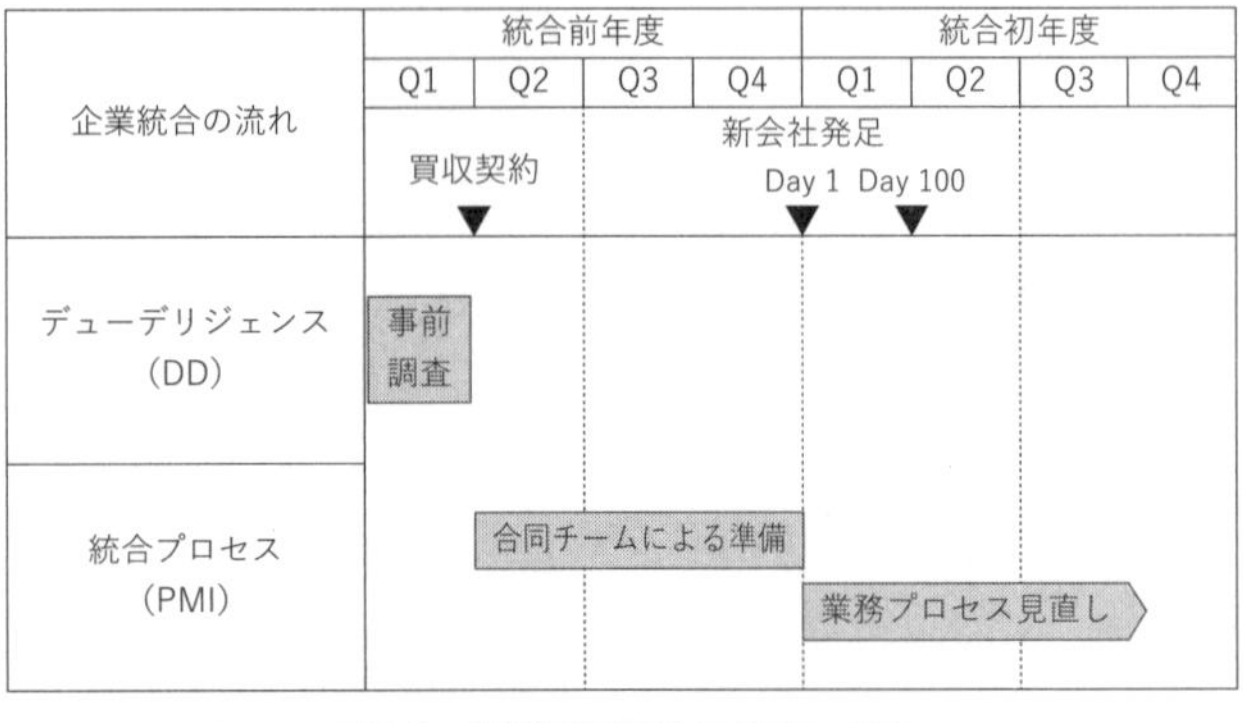


図 4-1　企業統合プロセスの流れ（例）

財務実態の調査・査定を行うとともに、買収・統合に伴うリスク評価が行われた。

組織文化の相違に関するリスク評価も、DDにおける重要な項目として、財務・製品・市場の査定と同じように行い、その結果は契約条件などに反映されなければならない。とくに近年は、M&Aの失敗率が高止まりしていることから、組織文化のDD（Cultural Due Diligence：以下CDDと呼ぶ）が注目されている。

CDDの重要性や必要性は分かっても、アクセスが制限される被買収先の組織文化を測定し、その評価をすることは容易ではない。たとえば、交渉段階、または取引が最終的になる前に、目標企業の関係者に直接インタビューすることは、時には違法とされることもある。

スイスのローザンヌにあるIMDビジネススクールのダニエル・デニソンらは、CDDについて、次の四段階での進め方を提案している[3]。最初の段階は、ソーシャルメディアのデータを使って、従業員の声から組織文化を評価することである。従業員はGlassdoor.comやIndeed.com[4]などで、自分の経験に基づき、雇用主について自発的にコメントしており、これらに含まれる組織文化、リーダーシップ、およびマネジメントに関するデータを分析することで評価ができる。これは目標企業を決定する前に、潜在的な候補先から目標を絞り込んで評価する方法として有効とされる。

次の段階は外部の利害関係者へのインタビューである。対象者には、元幹部、顧客、ベンダー、チャネル・パートナー、元従業員などが含まれる。これらのインタビューでは、各利害関係者の視点から、主な強みや問題点を特定することに焦点を当てる。これはソーシャルメディア分析よりも目立つが、現役の関係者に直接アクセスする必要はない。

次の段階は、目標企業の人事関連データの調査である。目標企業が特定されて取引チームが構成されると、多くの場合は、人事や経営慣行に関わる内部データにアクセスができる。これらの中でも、豊富な情報が入手できる重要データは、従業員調査データである。フォーチュン500クラスの企業では、そのほとんどで何らかの従業員調査データを管理しており、通常、チームワーク、リーダーシップ、従業員の参画（権限移譲）程度などについて調査している。したがって、それらのデータにより、組織文化の概念的なマッピングが可能となり、自社との比較や評価が可能となる。また、調査データには自由回答形式のコメントが含まれ、それらの内容を分析することで、組織文化への洞察をさらに深めることができる。

最後の段階は、契約が近づいた時点で行う内部利害関係者へのインタビューである。対象は目標企業のリーダー層、中間管理職、最前線の従業員などである。このインタビューでは、M&Aを通じて達成しようとする戦略的問題に焦点を当てる必要がある。CDDの最終ステップでは、調査結果を纏《まと》めて課題を明確にし、それらに対処するために、統合時、最初に執られるべき推奨事項が明らかにされなければならない。

本書で取り上げる事例の場合、関係者へのインタビューなどからは、財務や技術面での徹底した調査・査定に比べると、文化相違のリスク評価がどの程度まで行われたかの確認はできなかった。

また、品質の枠組に着目すると、第一層の組織構造、人員、プロセス、仕様、品質実績などは、詳細な調査・査定が行われたが、第二および第三層に関しては、それらに着目して事前調査された記録は確認できなかった。ＤＤのフェーズにおいて、組織文化の評価にフォーカスするＣＤＤを、どのように位置付けしてその役割を果たすべきかについては、今後、さらに検討を要する課題として残っている。

## 統合プロセス（ＰＭＩ）の進捗

ＰＭＩは、買収契約の直後から開始される新会社発足に向けた準備プロセスであり、実質的な統合を進める段階である。ＰＭＩの目的は、対象企業の事業をスムーズに新会社に移行し、企業統合のシナジー効果を発足当初から実現することにある。

この事例では、Ｃ社の新組織を想定したＰＭＩプロジェクトの推進体制が組まれた。その構成は、経営者会議を頂点とし、その配下に業務ファンクションごとのプロジェクト・チームを構成し、さらにＰＭＩオフィスを設けて、全体の調整と進捗管理を行う体制である。経営者会議には、新会社の経営責任者（就任予定者）を中心にして、各プロジェクト・チームのリーダーが参画した。

Ｃ社の組織構造やプロセスは、どちらか一方に合わせるのではなく、比較分析を行い、Ａ、Ｂ両社を組み合わせる方針とされた。すなわち、明示的ではないものの、組織文化としては双方を融合する新たなものを指向したと理解される。プロジェクト・チームには、両社から各ファンクションの中心的なメンバーが参画し、新会社の初日（DAY1）、および発足後の百日目（DAY100）までに達成すべき項目をすべてリストアップし、それらを漏れなく実現するための準備が進められた。

このプロジェクトでは、組織や業務プロセスにとどまらず、組織文化の統合についても課題として提起されたが、具体的な活動には至らなかった。なぜなら、事業をすべて新会社に移行し、あらゆる業務をDAY1から支障なく立ち上げる、すなわち、オペレーションの連続性が最優先課題であり、各チームは組織やプロセスの統合、すなわち、品質の枠組の第一層に相当する統合に、集中せざるを得なかったからである。

新会社発足後、PMIはポストPMIとして再編され、DAY100に向けて、業務プロセスの見直し・改善のために継続して進められた。発足前のPMIでは、事業移行を優先させる都合上、プロセスの手順や取り扱い基準などを詳細までルール化せず、BAU（Business As Usual）として、これまでどおりに継続すると決めたものが少なからずあった。

BAUとは、この場合、従来からの価値判断や基礎前提にしたがって、統合前と同じように運用することであり、これは、表面的にプロセスが統一されたとしても、内面的な不整合は固定化され、一国二制度のような運用になることを意味する。したがって、DAY1にBAUが数多く残ったことは、その時点でなお、組織再社会化が喫緊の課題であることの証左といえよう。企業統合のシナジー効果を上げるには、こうしたＢＡＵの見直しが欠かせず、ポストＰＭＩの主要な活動の一つとされたことは言うまでもない。

また、ポストＰＭＩのフェーズで、組織文化の統合を図るチームが初めて構成され、シニア・マネジメントによる幾度かの議論を経て、統合初年度後半になってから、新会社のビジョン、ミッション、バリューが制定されている。それらは、Ａ、Ｂ両社のいずれにも偏らず新規なものであったが、より具体化して組織メンバーに浸透させることは各部門に任された結果、組織文化の核となるまでの期間やその浸透程度は、それぞれの部門により差が生じたと思われる。

この事例での統合経過を見ると、組織構造や業務プロセスについては、新会社の発足に合わせて統合されたが、組織文化の同化に向けた取り組みは課題として残った。つまり、ハード面の統合活動が主で、ソフト面である組織メンバーの意識については手薄であったといえる。

## 事例データと分析の方法

ここでは、二つのタイプの事例データについて分析を行う。これらのデータは、Ｃ社の了解を得て、国際経営分野のＱ１ジャーナルに採択された原著論文[5]に掲載されたもので、調査対象期間は統合時から五年間としている。

第一のタイプは、Ｃ社の品質評価に関するデータである（以下、品質評価データと呼ぶ）。これには、顧客が評定した品質ランキングのデータや、出荷製品の品質に関するデータなどを含み、統合直前から統合後五年間の推移を見るのが目的である。

第二のタイプは、企業内プロセスの効率に関するデータである。これには、品質インシデントに際しての組織における意思決定の効率を見るため、その件数や、それらの対処に要した日数のデータなどが含まれる。ここで品質インシデントとは、偶発的な不良品の発生ではなく、たとえば、偶発不良の発生率が管理値を超えて悪化したとか、流行性の不良発生や、顧客からの品質に関するクレーム発生など、品質に関わる不測の事態の発生を意味している。

### 品質評価データとＱＢＲスコア

品質評価データの一つは、顧客による品質ランキングのデータである。これはサプライヤ企業が内部的に測定した品質管理データではなく、顧客によって評定された外部的な品質評価指標となる。事例企業の商品は、顧客の最終製品に組み込んで使われる電子機器の一つであり、主な販売形態は企業間取引であることから、主要な顧客では、四半期ごとに各サプライヤとビジネスレビューを行っている。これがＱＢＲ（Quarterly Business Review）であり、そこでは次期以降の調達計画と合わせて、前の期でのサプライヤの成績評価が主要な議題となる。

顧客によるサプライヤの評定は、品質、技術、価格、供給柔軟性などのカテゴリ別に、顧客がそれぞれ独自に定めた評価基準によって、ＱＢＲスコアとして提示される。多くの場合、品質カテゴリがもっとも重視される。なぜなら、その結果は、当該顧客での次期以降のサプライヤ別シェア配分に直接影響するからである。つまり、サプライヤとしての競争力に直結する重要な指標といえよう。

品質カテゴリの評価結果には、品質スコアの数値とあわせて、同等製品を供給している複数サプライヤ（通常三～五社）間での順位、すなわち、品質ランキングも提示される。品質スコアの数値自体は、採点基準が顧客側の裁量で度々変わるため、評価結果の推移を見る上では適さないが、品質ランキングは、たとえ採点基準が変わっても、競合他社との相対的な品質評価結果を客観的に表す指標となる。したがって、品質の推移を見る評価指標として、ここではC社内に記録された、主要な顧客の評定による品質ランキングの平均値データを用いる。

二つ目の品質評価データは、出荷製品の品質に関するデータで、これは製品が納入されてから三ヶ月以内に発生した不良数（納入不良率）によって表され、納入時の品質のレベルを表すものといえる。

以上二つの品質評価データを調査・分析することにより、統合後に品質がどのように推移したか、変動があったとしたらその要因は何か、また、それが品質認知とどのように関係するのかについて分析し考察する。

## 顧客による品質評価の基準

顧客の評価基準はどのように定められるのだろうか。QBRでの評価基準は、サプライヤ側は関与することなく、また、顧客間で統一が図られることもない。それぞれの顧客が独自に定めている。しかしながら、評価項目のメニュー自体は、どの顧客でもほとんど同じであり、採点基準や各評価項目に対するウェイト付けは顧客によって異なる。評価項目は主に「品質データ」と「品質関連項目」とに二分でき、それぞれの項目について評点した後、ウェイトを掛けて合計される。品質ランキングはこの合計点が高い順番で決められる。

ここで品質データとは、当該サプライヤから顧客へ納入された製品の納入不良率を指す。これは顧客の期待値が採点基準としてサプライヤに提示される定量的な評価指標である。したがって、顧客の知覚品質とサプライヤのそれとは、齟齬《そご》を来すことがない客観的な評価項目といえる。品質の枠組の定義に従えば、品質データは第一層に関する評価項目である。この品質データが、あらかじめ決められた管理値の範囲を越えて悪化した場合は、品質インシデントとして対処することが求められる。

もう一つの品質関連項目とは、品質インシデントなどの予期しない問題発生時に、サプライヤによる対応の速さや協力度などが、顧客の事前期待をどの程度満たすものであったかを評価するもので、顧客の知覚による定性的な評価指標である。これに関する顧客の事前期待は、定量的には示されず、顧客における事前期待と知覚品質とのギャップが、評価結果として提示される。すなわち、サプライヤからのサポートに対するCS（顧客満足度）を表しているものといえよう。

C社の顧客サポート・マネジャーによれば、顧客はこの項目を「品質インシデントにおけるサプライヤ側の対応姿勢や行動経過によって評価点を決めている」とした。すなわち、結果としての行動のみならず、行動に至るまでの協力姿勢や、対応の経過などを総合して評価していることになる。品質の枠組の定義に従えば、これは第二層だけでなく、行動の意思決定を支配する第三層まで及ぶ顧客視点での評価項目である。

この評価には、サプライヤ側での顧客サポート体制が反映されることは言うまでもない。C社へ事業移行される際、顧客サポートの基盤は、統合前のまま変えることなく継承され、組織上で一つの部門として統合された。つまり、顧客サポート体制は、表面上は、以前と変わりがなかったといえよう。したがって、品質関連項目の評価では、品質の枠組の第一層よりも、第二および第三層に対する顧客の知覚結果が、評定に大きく影響すると考えられる。たとえば、AおよびB社出身のサポート・メンバー間で、顧客への応答や行動に不整合が生じるようなことがあれば、この評価に悪い影響を及ぼすことは容易に予想される。

顧客による品質評価は、平均すると六割ほどは品質データで決まり、残りの約四割が品質関連項目によって決められていた。すなわち、品質の枠組の第二および第三層まで関連する評価項目は、全体の三分の一以上のウェイトを占めていた。品質評価の採点基準や評価項目間のウェイト付けには、顧客それぞれのサプライヤ管理方針が反映されるため、同一には論じられない。しかし、顧客は品質の評定にあたって、品質データだけでなく、問題発生時における取り組み姿勢や、対応の速さなどを含めて評価する、つまり、品質の枠組の第一層から第三層までを合わせて評価することは明らかである。

## 品質インシデントに対処するプロセス

事例データの第二の調査対象は、品質インシデントに対処するプロセス（以下、品質インシデント・プロセスと呼ぶ）の所要期間の分析である。このプロセスには、品質インシデントの発生から、対策を実施し顧客の了解を得てクローズするまでの一連の活動を含み、解決までには多くの部門の関与が必要となる。

品質インシデントは、C社内で製品が出荷される前に発生することもあれば、出荷された後に顧客側で発生する場合もある。社内発生の場合でも、出荷停止や納入日程の変更などを伴うことが多く、顧客への対応は必須となる。品質インシデントの一例を挙げると、これまで安定した稼動実績がある製品でも、顧客の都合などにより、最終製品のソフトウェアが更新されたり、あるいは組み込み工程[6]の設備変更などが行われたりすることが契機となって、それまで潜在していた不良が突然顕在化し、大量の不具合が発生することがある。

こうした品質[7]インシデントがひとたび発生したら、直ちに、原因究明、対策方法の検討と決定、ファームウェアなどの変更設計、評価と検証、対策の手配、生産および対策実施、顧客への説明な

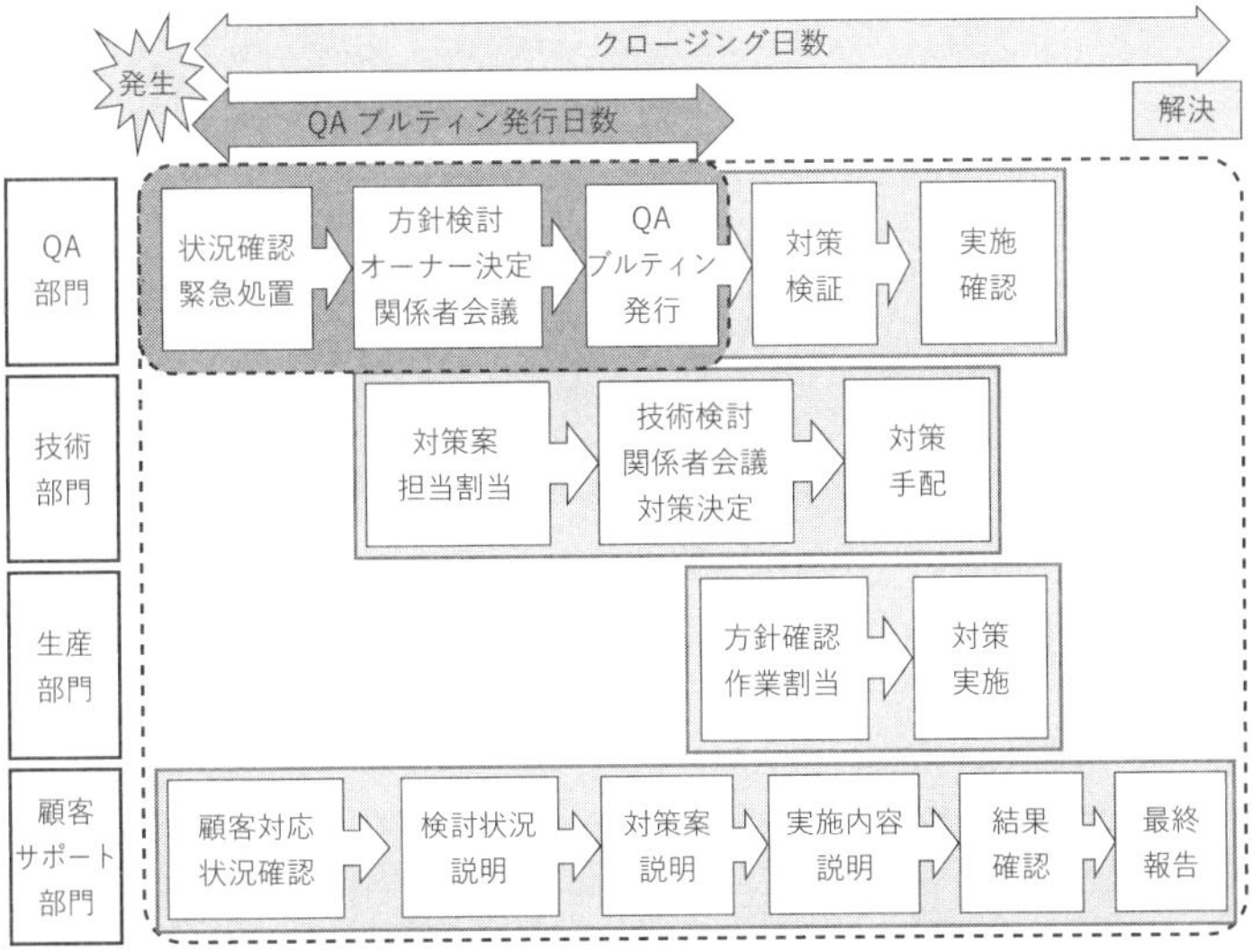


**図 4-2　品質インシデント・プロセス（例）**

ど、多くの部門が関わって早急な解決を図らなければならない。

品質インシデント・プロセスの一例を図4－2に示す。この図では、QA（Quality Assurance：品質保証）、技術（設計）、生産、および顧客サポートの四部門が関わる一般的なケースを示しており、これらの部門は、ほとんどのケースで関与する部門である。

品質インシデントが発生すると、QA部門は直ちに顧客サポートと連携して状況を把握し、関連する部門と対策方針の検討を行い、行動計画や対策責任者を決定し、QAブルティンと呼ばれる品質インシデントの速報を発行する。これはインシデントの発生を、マネジメントを含めた関連するすべての部門に周知する第一報となる。

技術部門は、担当するエンジニアを割り当

て、再現テストなどを含む原因究明、および技術的検討を行い、解決するための対策案を見出す。そして、どのような対策をとるべきかについて、関連部署と協議して決定する。

その後、技術部門は対策の詳細な具体策を固め、それらを実行するための手配をする。生産部門は、定常業務の日程計画を調整し、必要な人員および設備を割り当て、技術部門からの指示にしたがって対策を実行する。

ＱＡ部門は、対策の技術的妥当性や効果について検証を行い、その実施を確認する。顧客サポートは、発生からクロージングまでの間、顧客の状況を常に確認し、社内での検討状況や対策の実施について顧客説明を行うとともに、顧客状況や対策進捗状況について、社内関連部門へ報告を行う。

このように、品質インシデント・プロセスの各ステップでは、解決に至るまでの間、関連する部門間で多くの協議や折衝が行われる。この図では、発生から解決まで、それぞれの部門で一方向へ流れるウォーターフォール・モデルのように示されているが、実際には、各ステップでの状況に応じて、自部門ないしは連携する他部門で、前のステップに戻ってやり直す場合があるなど、多くの変更が生じることは珍しくない。なお、こうした品質インシデント・プロセスは、Ｃ社に特有の仕組みではなく、多くの企業において類似するプロセスが一般的に行われている。

ここでは、品質インシデント・プロセスの二つの所要期間に着目する。その一つは、「ＱＡブルティン発行日数」であり、もう一つは、「クロージング日数」である。

前者は、図4－2に示すように、品質インシデントの発生から、QAブルティンを発行するまでの日数であり、QA部門に依存する。なぜならば、C社においてQAは、QAブルティンを発行する権限を持つ唯一の部門として認められているからである。

後者は、品質インシデントの発生から、それが解決してクローズするまでの日数である。これは、QA、技術、生産、顧客サポートの各部門の外に、個々の品質インシデントで解決のために関与することが必要となる他の部門を含めた、すべての関連部門の効率に依存する。

これら二つのプロセス所要期間には、各部門での意思決定に要した期間や、対策実行の期間が集積されて反映される。また、個々の品質インシデントでの発生状況や、技術的な難易度などによっても変動する。しかし、四半期ごとの統計的な平均値で見れば、その時系列推移は、プロセス所要期間の傾向をおおむね表すものと考えられる。

品質インシデント・プロセスにおいて、QA部門は二つの重要な報告の役割を担っている。その一つは、品質インシデントの発生を周知するQAブルティンを発行することであり、もう一つは、まだクローズしていない品質インシデントについて、その進捗状況を報告するQA週報を発行することである。

QAブルティンの発行は、イベント・ドリブンであり、品質インシデントが発生すると可及的速やかに、その内容を把握して発行される。一方、QA週報は毎週定期的に発行され、まだクローズしていない品質インシデントについて、対策の進捗状況が報告される。つまり、このQA週報によって、品質インシデントは解決するまでフォローアップされる。したがって、C社内のこれらの記録を分析することで、すべての品質インシデントについて、二つのプロセス所要期間を計測することが可能となる。ここでは、C社の設立から五年間に発生したすべての品質インシデント、三百件以上の記録を調査して分析を行った。

## 組織における意思決定の効率

品質インシデントは予期しない出来事であり、そのほとんどは過去に発生したことがない新たな事象である。それゆえ、その対策内容を事前的に決めることは出来ない。また、多くの場合、より速く対処するには、関係する部門で予定外のリソース割当や日程計画変更など、定常業務との調整を伴う臨機応変な意思決定が求められる。したがって、品質インシデント・プロセスの各ステップでは、関係する部門間で、対策方法や分担などについて、さまざまな調整や協力要請などの折衝が行われる。

ここで、品質インシデント・プロセスにおける意思決定の効率について、本書での定義を明らかにしたい。二つのプロセス所要期間について、QAブルティン発行日数は「QAブルティン発行における意思決定の効率」、クロージング日数は「品質インシデント解決における意思決定の効率」の代理変数として扱うことにしたい。なぜならば、これらの所要日数は、関与する部門の意思決定に大きく依存するからである。ただし、これらには二つの要素が含まれることに注意を要する。その一つは、どのような報告あるいは対策を行うか、という意思決定自体に要する期間であり、もう一つは、その決定内容を実施するのに要する期間である。

品質インシデント・プロセスは、前述のように直線的に進むプロセスではなく、クロージングに至るまでの過程では、試行錯誤を繰り返したり、場合によっては、行きつ戻りつしたりするプロセスである。つまり、これらの二つの要素は、相互に作用して影響を及ぼし合うため、明確に分離するには無理があり、一緒にして扱う方が合理的である。したがって、ここで「意思決定の効率が高い」とした場合は、次のいくつか、または、すべてを包括している。すなわち、「意思決定に要する期間が短い」、「短期に完結する対策が意思決定される」、または、「十分な資源を投入する意思決定によって対策が短期に実行される」ことを意味する。

組織における意思決定について論じる文献は数多い。中でも意思決定過程の研究で大きな影響を与えたノーベル経済学賞のハーバート・サイモンは、『経営行動』[8]の中で、大規模な経営組織の意思決定では、部門組織間において価値観の違いによる衝突が頻繁に起こることを指摘している。また、米国の経済学者、リチャード・サイアートらは『企業の行動理論』[9]の中で、「ほとんどの組織が、ほとんどの時間、目標に対する潜在的な葛藤とともに存在している。行動を伴わない目標の場合を除いて、内部的な意見の一致などあり得ないから」と述べ、組織における合意形成の難しさを論じている。ジェイン・サルクらは、ドイツと日本を含む、多国籍のマネジャーからなる経営チームに関する研究[10]の中で、マネジャー層への調査の結果、意思決定の効率が高いとの評価と、合意形成への指向の強さとが、高い相関を示したことを明らかにしている。このように、複数の部門に関わる意思決定の効率を考えるには、合意形成をいかにして図るか、何が合意形成のために必要か、という視点が欠かせない。

意思決定論で、全米経営学会の最優秀論文賞を受けた印南一路は、『すぐれた組織の意思決定』[11]の中で、組織における意思決定には、利害関係のある部門内、ないしは、部門間での議論や交渉によって、多くの時間が費やされるとし、利害調整にかかる時間を決める要因は、権限や責任の明確さに加えて、理念や価値観が共有されているかどうかであるとしている。企業組織における筆者の経験でも、関与する部門間で価値観が共有されているかどうかが、意思決定の効率に重大な影響を与えることは間違いない。したがって、組織における品質の枠組がどの層まで共有されているか、つまり、品質認知のレベルがどの段階にあるかが、品質に関わるインシデントにおける意思決定の効率に大きく影響を及ぼすものと考えられる。

こうしたことから、品質インシデント・プロセスの計測値の推移には、品質認知のレベルの変化が反映されるとみることができる。つまり、ここで品質インシデント・プロセスを分析するのは、品質認知のレベルと、品質インシデントに関わる意思決定の効率との関係を明らかにすることが狙いである。

## 事例データの分析結果

C社の品質評価に関するデータ、および企業内プロセスの効率に関するデータには、いずれも統合直後から劇的な変化が見られ、企業統合による影響の大きさを反映している。以下に、分析した結果およびその考察を述べたい。

### 品質ランキングと市場シェアの急変

顧客によって評定されたQBRにおける品質ランキングの推移を図4－3に示す。これらのランキング・データは、C社の記録に基いている。ただし、統合前の一部のデータは、当時の顧客サポート・マネジャーへのインタビューから得た参考値である。

ランキングは、主要な顧客の平均値で示している。これらの顧客は、三～五社の複数サプライヤから併行して

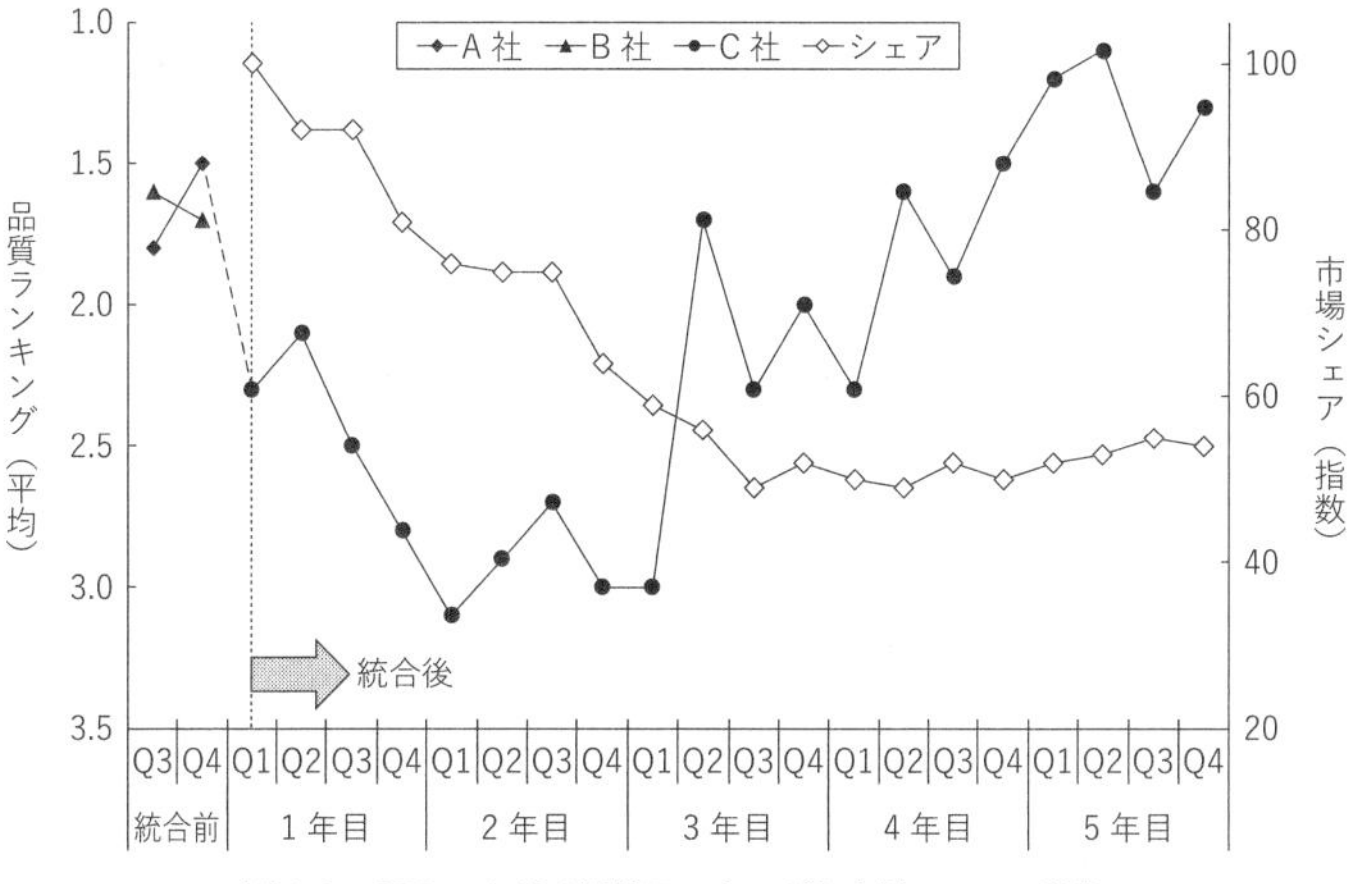


**図4-3　QBRにおける品質ランキングと市場シェアの推移**

同等製品の調達を行っていることから、ランキング値は1（第一位）から5（第五位）の範囲となる。したがって、平均値が3付近ということは同等製品のサプライヤ間で、下位または最下位に近いことを意味する。なお、顧客による品質指標は、異なる国の顧客間で同列に扱うことには疑問があるが、この場合はランキングという相対的な評価値であり、また、調査期間中での対象顧客の入れ替わりはないことから、このようにして推移を見ることに支障はない。

この図に示すように、C社の品質ランキングは、統合直後に急落し、統合一年目はずっと低下傾向が続いている。統合二年目の初めに底を打ってから、少し回復の兆しが見え、三年目に大幅な上昇があり、その後はほぼ統合前のレベルに回復した。このようにC社の品質ランキングが大きく変動したのはなぜであろうか。考えられる理由として、次にいくつか挙げることができる。

第一は、統合によって製品ミックスやポートフォリオが変わり、結果として品質評価が影響を受けた可能性である。しかし、統合前のAおよびB社の製品ラインアップは同じで、しかも、両社の顧客のほとんどは重なっていた。統合後のC社はそのまま事業を承継している。したがって、これを理由とする根拠はない。

第二は、C社の品質の大幅な変動に伴って、品質の評価が額面通り上下した可能性である。これについては、品質評価項目のうち、品質データ（納入不良率）では、後述するように、大きな評価変動を招く根拠は見当たらない。しかし、品質関連項目の評価が、統合後に下がったことは明らかであり、これが変動理由になった可能性がある。

第三は、競合他社の品質評価が変わったため、C社は従来通りとしても、競合他社との相対評価の結果、ランキングが変動した可能性である。一年目の大幅な低下や三年目の回復は、他社要因であるかもしれない。つまり、C社が現状維持でも、他社が相対的に良くなった場合、C社のランキングは下がり、逆の場合は上がる。しかしながら、ランキングの大幅な変動には、複数の他社での要因が、同時期に重ならなければならない。当時、部品サプライヤや顧客からの情報などにより、他社の関連情報を知り得る立場にあったQA関係者によれば、該当時期にそのような他社要因はなかったと、それぞれ独立した複数の証言を得ている。したがって、こうした大幅な変動を他社要因とする根拠はない。

第四は、その他の理由である。たとえば、品質とは無関係の理由により変動した可能性はないか。これについては後述するように、何も特定されなかった。

したがって、これらの変動は、C社自身に対する顧客の品質評価が変わった結果に他ならない。以上のことから、品質ランキングの大幅変動は、顧客による品質関連項目の評価結果によって生じたものとするのが妥当であろう。

一方、図4－3には、C社の市場シェアも示している。これは統合時点での市場シェアを基準（100）にして、指数表示により推移を示したものである。市場シェアは、品質以外の市場競争力が変わらなかったとしても、新規マーケットの拡大による市場特性の変化や、顧客の調達戦略見直しによる単一サプライヤ依存からの脱却、調達リスク分散化など、他の要因での変動が考えられることから、こうしたシェア低下が、直ちに品質ランキングの結果によるものとは言い難い。しかし、統合直後から、品質ランキングの急低下を追うようにしてシェアも低下したことは、品質評価が悪影響を及ぼした可能性は否定できない。

## 出荷品質と品質インシデントの推移

製品が顧客へ出荷されてからの定量的な品質評価指標には、納入不良率および市場稼動不良率の二つがある。納入不良率は、製品が出荷された時点での品質の水準をすぐに表すことから、統合前後での品質データの変動を見るには適した指標となる。一方、市場稼動不良率は、これまでに出荷されて、市場で稼動中のすべての製品に関するデータであり、長期に稼動中のものを含め、さまざまな世代の製品が対象となるため、統合前後に限った期間における品質変動を見る上では適さない。したがって、ここでは、納入不良率および品質インシデント件数を分析の対象としている。

品質インシデントには、市場稼動不良率の悪化のほかに、納入不良率の悪化、流行性不良発生などの重要障害や顧客クレーム、そしてC社内で出荷前に発見された流行性不良なども含まれる。品質インシデントとして扱うかどうかの基準は、C社発足時に定められたQＡブルティン発行基準により細かく規定されており、対象期間中変わることなく運用された。

図４－４は、統合前の二期と統合後五年間の納入不良率（統合直前のA社を１００とする指数表示）、および品質インシデント件数の推移を示したものである。統合後一年ほどは、統合前にそれ

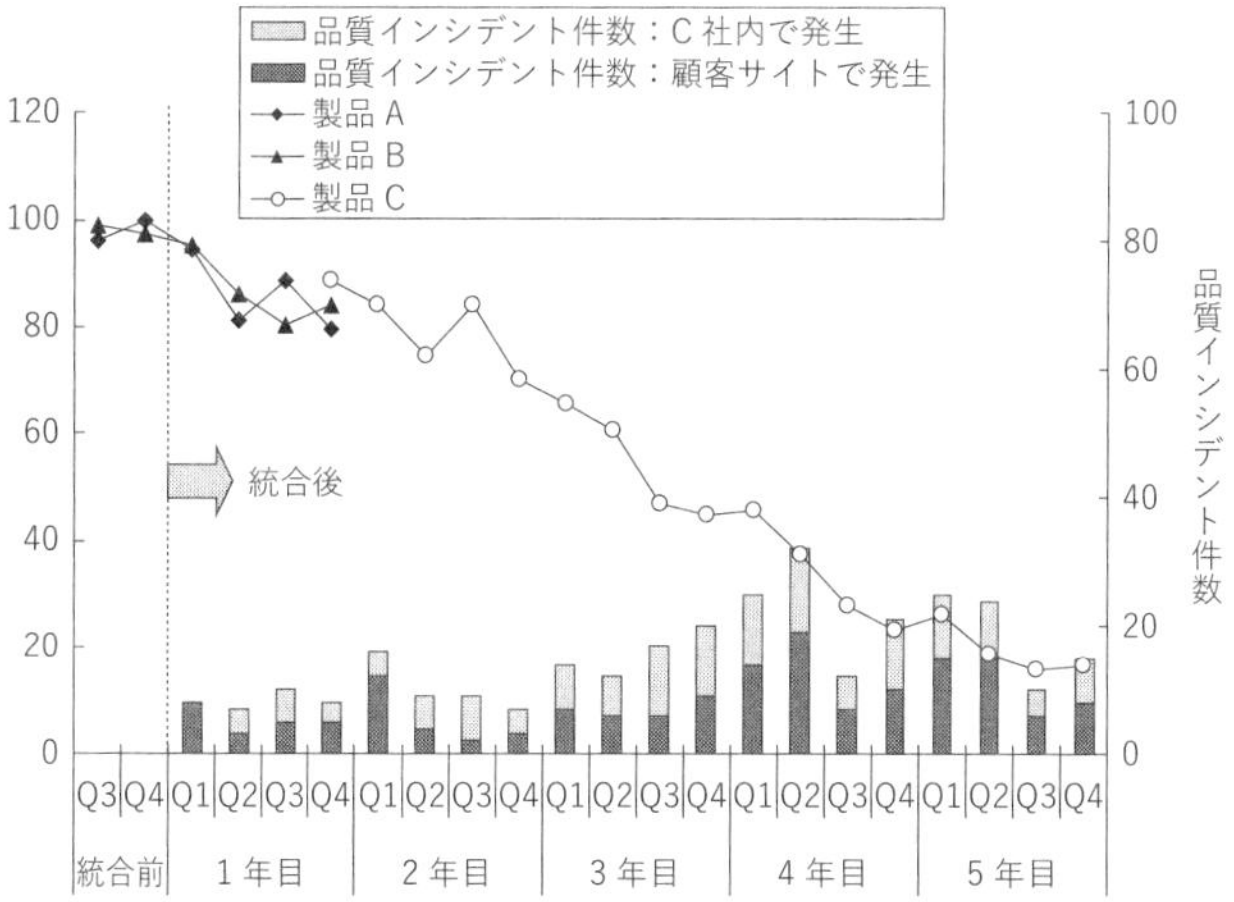


**図 4-4　納入不良率および品質インシデント件数の推移**

それが開発した、ないしは開発途上で、統合後に製品化されたモデルを出荷しており、「製品Ａ」はＡ社開発の製品、「製品Ｂ」はＢ社開発の製品を示す。統合後にＣ社で新たに開発された後継製品は「製品Ｃ」として示している。また、棒グラフで表示されているのは品質インシデント件数であり、Ｃ社内での発生と顧客サイトでの発生を分けて表示している。

納入不良率の推移を見ると、製品ＡおよびＢの間でほとんど差がないこと、また、統合後の品質は、どちらにも悪化傾向は見られず、むしろ改善傾向にあったことが分かる。統合後に製品化された製品Ｃは、当初やや高めの不良率を示したものの、その後は改善傾向を示している。これらのデータから、品質ランキングが急低下した統合一年目において、納入不良率がその要因となったとする根拠は見出せない。また、ランキングが大幅回復した統合三年目においても、納入不良率はその前からの改善傾向が続いている状態であり、これをランキング急回復の根拠とするには無理がある。

次に品質インシデント件数の推移を見ると、期によって変動があるものの、統合一年目および二年目は、ほぼ同じような発生状況であるのに対し、三年目以降は増加の傾向がみられる。すなわち、品質ランキングが急落した統合一年目と、大幅回復した統合三年目の件数を比較すると、三年目の方がむしろ多くなっており、品質インシデント件数とランキングの改善とは関連していない。ただし、品質インシデントは、件数の多寡ではなく、仮に重大な品質インシデントがあったとすれば一件でもその影響は甚大になる。この点について、当時のQAマネジャーは、「該当期間において、そのように重大な品質インシデントの発生はなかった」と証言していることから、品質インシデントの発生件数や、それらの状況をもって、品質ランキングの大幅な変動を説明することはできない。

このように、C社の品質データは、統合後も安定した推移を示しており、顧客の評価による品質ランキングに大きな変動をもたらした要因とする根拠はない。したがって、もう一つの評価項目である品質関連項目の結果が、これらの要因になったと考えられる。

## 品質インシデント・プロセスの所要期間

C社のデータベースには、発足から五年間のすべての品質インシデントに関するQAブルティン、およびQA週報が保存されている。これらを分析することにより、すべての品質インシデントについて、ＱＡブルティン発行日数、およびクロージング日数の二つのプロセス所要期間の計測値を抽出した。図４－５にその結果を示す。なお、この図のＹ軸は所要日数を示すが、五年目のＱＡブルティン発行日数を基準にして正規化した値で示し、日数の絶対値ではない。

この図で明らかなように、ＱＡブルティン発行日数、およびクロージング日数のどちらも、高い値からスタートして三年目以降では低い値で安定する推移になっている。しかし、途中経過には、それぞれに大きな違いがみられる。

ＱＡブルティン発行日数は、統合後すぐに急低下し始め、約一年後にはほぼ低い値に達したのに対し、クロージング日数の方は、一年目では逆に増加傾向を示し、二年目に入ってから下降に転じ、三年目の後半になって低い値に達している。すなわち、両者では低下傾向となるまでの時期に

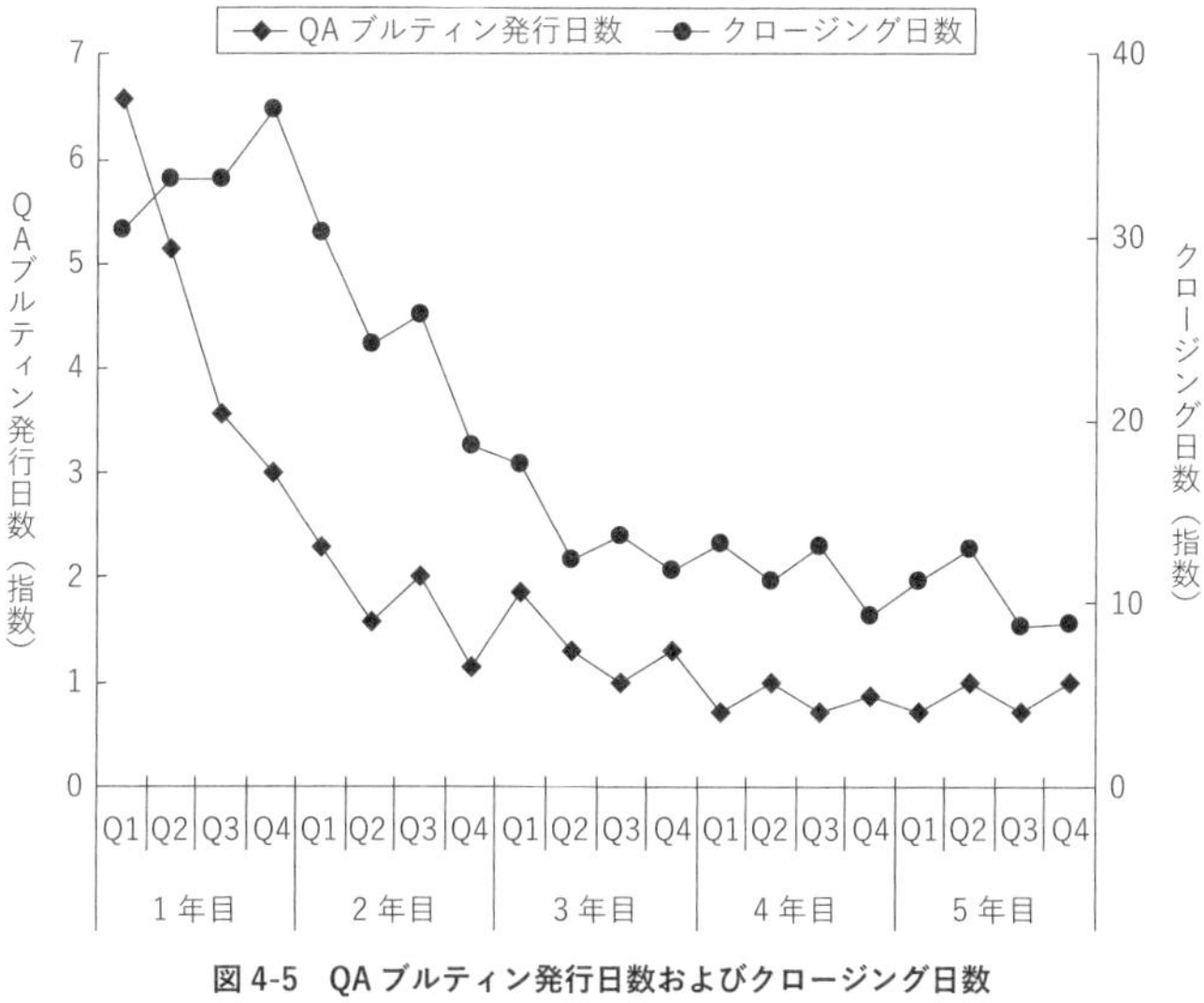


**図 4-5　QA ブルティン発行日数およびクロージング日数**

一年程度の開きがみられる。このような違いが何によるものかについて、次項以降で考察を行う。ただし、これらの分析にあたっては、次に示すような、対象期間におけるC社の状況に基づく前提条件に留意しなければならない。

第一に、品質インシデント・プロセスに関わる組織構造や決裁手順は、C社発足時に定められ、この期間中は同じと見なされる。ただし、人事に関し、発足時から約二年間、主要部門においてシニア・マネジメントのペア人事制が採られ[12]、その後は一人制となった。これがプロセスの所要期間へ影響した可能性は考慮する必要がある。

第二に、品質インシデント・プロセスに関わるエンジニア数やスキルレベルは、この期間においてほぼ同じと見なされる。人員数だけ見れば、統合二年目以降は漸減傾向にあった。また、統合二年目の終わりまで、B社出身に対するリテンション（人材維持策）が行われたが、それが切れた時期での離職はあまり見られず、AおよびB社出身の人員比率は、統合一年目から三年目の間でほとんど変動していない。

第三には、AおよびB社から移行した担当エンジニアは、いずれも統合前から品質インシデントに対応してきた経験者であり、この事例に習熟曲線（ラーニング・カーブ）は適用されない。

## 意思決定の効率――単一の部門

C社のQA部門におけるブルティン発行プロセスでは、次のステップが踏まれる。まず、品質インシデント発生状況の確認が行われ、必要な場合は直ちに緊急処置を手配する。次に、対策方針の検討（関係者との協議、対策責任者の決定、行動計画検討など）を行い、そして、ＱＡブルティンが発行される。これらの各ステップでは、それぞれ意思決定とそれに伴う必要な行動がとられ、次ステップに進むことになるが、もっとも多くの時間が費やされるのは対策方針の検討であり、発行日数に大きなウェイトを占める。

ＱＡマネジャーに対するインタビューでは、当時、ここに時間を要した理由として、「ＱＡは対策責任者を指名できる権限を持っているが、他部門との協議時は勿論のこと、ＱＡ内においても、異なる考え方を持つメンバー間では、合意形成に時間が掛かった」と述べている。発行日数の推移を見ると、統合直後から急速に減少し、一年ほどで約四分の一の所要日数に短縮されている。この間、品質インシデント件数はほぼ横ばいであり、ブルティン発行における意思決定の効率は、約四倍も高くなったことになる。

これについて、先のＱＡマネジャーは、「ＱＡ部門トップが、ＱＡブルティン発行を含む品質報告の仕組み作りとその運用に、当初から徹底して取り組んだことが、部門内で浸透する結果を生んだ」と述べた。実際に、ＰＭＩプロジェクトの品質チームの記録では、品質に関わる組織、プロセス、仕様など、品質の枠組の第一層を固めた直後から、第二層にあたる行動規範やガイドライン（品質インシデントの区分や重要度の判断基準、ＱＡブルティン発行手順や運用ルールなど）を、Ａ、Ｂ両社のメンバーが合意して文書化する取り組みを行っていた。つまり、品質の枠組の第二層について形式知化することがＰＭＩフェーズにおいて行われた。これにより、ＱＡ部門では、Ｃ社の発足時点で、品質インシデントが発生した際に、それをどのように扱い、また、何をなすべきかについて、メンバーが直ちに共有できる準備が出来ていたといえる。

さらに、ＱＡマネジャーは、次のように述べている。「発足当初から、ＱＡブルティンなどの品質報告を、機会あるごとにメンバーに指導し徹底することを行った。そして、統合から一年ほどで、海外拠点も含めて、ＱＡ部門内にそれらが浸透した」。他のＱＡマネジャーも、同じようなコメントをした。このことは、Ｃ社発足直後からの品質報告の実施を通して、ＱＡ部門内で品質の枠組の共有が急速に進んだことを意味している。すなわち、ＱＡブルティン発行日数の低下は、同部門で品質認知が第二レベルまで進んだことによるものと示唆される。

しかし、第三レベルまで進んだかどうかは別である。インタビューにおいて、複数のＱＡマネジャーが、統合後一年を経ても、メンバー間で第三層の不整合と思われる事例が多く見られ、特に他部門との折衝の機会などで目立った。第三レベルに達するには三年目ぐらいまで掛かった、と述べている。

ペア人事制については、Ｃ社資料より、ＱＡ部門では発足時から二年目の後半までこの人事制が採られ、その後は一人に変わっている。この期間中、ＱＡブルティン発行日数は、発足時直後から下がり始め、ほとんど下限値まで一気に減少している。したがって、同部門に関する限り、ペア人事制がその部門における意思決定の効率を阻害するような影響を与えたとはいえず、むしろ、部門長レベルにおいても、品質認知が進んだことを示唆している。

以上のＱＡブルティン発行日数の分析結果により、次のことが言えよう。ＱＡブルティン発行における意思決定の効率は、ＱＡという一つの部門での意思決定の効率を表し、同部門の品質認知が第一レベルから第二レベルへ進んだことと関連している。また、品質認知は、第一レベルから第二レベルへ、そして、次に第三レベルへと順に進み、第三レベルがもっとも長い期間を要しているとみられる。このことは前に述べた認知発達の理論と矛盾しない。

## 意思決定の効率―関連する全部門

品質インシデントの解決には、多くの関連部門が関わることから、クロージング日数には、これらすべての組織での意思決定の効率が関係する。つまり、それぞれの組織での効率が組み合わされ、かつ、連結されて反映されている。

クロージング日数の推移を見ると、Ｃ社発足後の一年目では、ＱＡブルティン発行日数とは逆に、長期化する傾向がみられる。しかし、これまでの分析により、製品の出荷品質や品質インシデントの発生状況からは、一年目にクロージング日数が増加する要因は見当たらない。

ＱＡマネジャーは次のように述べた。「品質に対する考え方が違うことで、当初の一年ぐらい、われわれは多くの時間を、品質インシデントの原因究明だけでなく、対策責任を持つ部門やメンバーを決めるのに費やした」。さらに、顧客サポート・マネジャーは、次のような実態を明らかにしている。「品質インシデントが起こった際、QAと技術部門は、統合後しばらくの間、毎回のようにその問題の優先度や対策方法、必要期間などについて紛糾し、その調整に時間が掛かることが多かった」。別のQAマネジャーも、統合当初、両社の品質に対する考え方の違いが、品質インシデント発生時における、さまざまな関連組織の行動に、遅延を生じさせる要因になったと述べている。すなわち、品質認知のレベルが進んでいないために、品質インシデント・プロセスのあちこちでコンフリクトを招き、議論や折衝により利害調整に要する時間が長くなって、解決が長引く結果を招いたと考えられる。

その後、クロージング日数は、統合一年目の終わりに最大値になったあと、二年目に入ると減少傾向に転じ、一年間で半減するまでに改善が見られた。これについて、QAマネジャーは、「統合二年目になって、関連する組織や人員が増強されたわけではない。ただ、二年目後半に品質イニシャティブ[13]が開始され、プロセスの見直しや、品質向上を促す活動が行われた」と述べている。この全社的な活動は、品質インシデントの解決に寄与したであろう。しかし、クロージング日数の減少は、イニシャティブ開始前からすでに始まっており、また、二年目に入って品質インシデント件数が減少したわけでもない。したがって、クロージング日数の低下が、主に品質イニシャティブによるものとは言えず、むしろ、統合時から一年を経て、品質認知のレベルが進んだことが効いたものと考えられる。それによってコンフリクトが徐々に解消され、利害調整などに要する時間が短くなり、意思決定の効率が上がった。つまり、クロージング日数の推移は、関与する部門間で価値観が共有されている程度と関連することの例証データとなり得る。

　クロージング日数は、ＱＡブルティン発行の場合とは異なり、関与する多くの部門のプロセスについて、相互の利害調整を考慮した判断基準や、詳細な手順・運用ルールなどを、前もって定めることは事実上困難であり、品質の枠組の第二層の形式知化には自ずと限界がある。したがって、各関連部門においては、形式知化されない第二層や、第三層に依拠した調整活動が行われることになる。それらは、合意形成に至るまでに多くの議論や折衝を伴うことになり、時間を要することになる。以上のことから、品質インシデント解決における意思決定の効率は、品質認知の第三レベルまでの達成程度と関連することが示唆される。

　ペア人事制に関しては、品質インシデントの多くに関与する、ＱＡ、技術、生産、調達などの各部門で、統合時から一年半〜二年半の間、この人事制が採られた。この期間でのクロージング日数は、前述のように、統合一年目には上昇し、二年目に入ると一転して減少に転じている。これは、初年度にはペア人事制が意思決定の遅れを招いたものの、二年目に入ると互いの理解が深まり、価値観の共有が進んだことによるもの、と解釈することもできる。しかし、ＱＡ部門での例からしても、この人事制度自体がクロージング日数に支配的な影響を及ぼしたとは特定し難く、むしろ、部門内および部門間における当事者、および部門長間での、内面的な価値観や信念の共有程度、すなわち品質認知のレベルの程度によって、クロージング日数が左右されたとみるのが妥当であろう。

## 品質インシデント解決の効率と品質ランキング

これまでの分析により、品質ランキングの大きな変動の要因は、顧客による品質関連項目の評価結果であるとしたが、その他の要因は考えられないだろうか。統合初期において、顧客が品質とはまったく別の理由により、恣意《しい》的に厳しく評価した可能性はないだろうか。

A、B両社統合の結果、C社という一つのサプライヤからの購入シェアが、八割にも達する顧客もあった。そうした顧客では、調達についてのリスク管理の観点から、シェア配分の見直しを行い、C社のシェアを減らしたことはあり得る。それに関連して、C社の品質評価を恣意《しい》的に厳しくしたことは考えられないか。しかしながら、顧客はQBRにおいて、C社へ低い品質評価結果を提示するに際し、それらは専ら品質に関する成績に依拠した結果であることを明言したとされる。また、複数の顧客企業が、恣意的な低評価を、同じ時期に揃って行うとは考え難い。そして、この他に品質評価を大きく変動させるような要因は見当たらないことから、顧客による品質評価の急変は、やはり、品質関連項目の評価結果によるものと考えられる。

では、品質評価全体におけるウェイトが半分以下の品質関連項目が、なぜランキングに決定的な影響を与えたのか。QAマネジャーは次のように述べている。「当時、サプライヤ各社は、納入不良率を下げることに激しく競い合った。しかし、その改善ペースは、顧客の期待ほど速くはなく、各社はデッド・ヒートに近い状態であった」。また、顧客サポート・マネジャーは、ランキングについて次のように述べている。「QBRでの品質ランキングは、実際の製品品質を反映するよりも、顧客の知覚による評価の方が大きい。ランキングの提示は、顧客にとって、彼らがわれわれとのビジネスに満足しているかどうかを伝える手段になっていた」。これらのことから、当時の顧客による品質評価では、サプライヤ間での品質データのスコア差は比較的小さく、実質的には、品質関連項目が全体の評価結果を決める支配的な項目になっていたと考えられる。

それでは、ランキングの変動推移は、品質インシデント解決における効率の推移と符合するだろうか。クロージング日数と品質ランキングとの相関関係（品質ランキングは直前期に対する結果であり、データの比較時は一期ずらして行う）を見ると、クロージング日数とランキングには高い相関があると示された。つまり、品質インシデント解決における意思決定の効率が高いことと、顧客の評価による品質ランキングが高いこととの間には強い相関関係が認められ、品質関連項目の評価結果が、品質ランキングに反映されたことと整合性がある。以上のこれまでの分析により、統合後に起きた品質ランキングの急変動は、品質インシデント解決における意思決定の効率を反映した結果であると言えよう。

# 第五章　企業統合の当事者たちはどう思ったか

科学の究極の目的はリアリティ（現実）をどう捉えるかにある。
リアリティとは単に現象をあらわすのではない。
あくまで人間にとって関心を喚起する現象のことである。
この意味で、現象に人々の関心が付与されてはじめて現実になる
（今田 編 二〇〇〇[1]）

# 調査の対象と方法

前章における事例データの分析結果を検証し、そして補強することを目的として、事例企業の組織メンバーに対し、質問紙調査、およびインタビュー調査を行った。調査対象者は、統合前のA社、またはB社から継続してC社に勤務し、かつ職場内を俯瞰《ふかん》できる立場にあるマネジャークラスとした。調査時期は統合から五～七年経過後である。以下にそれぞれの調査対象と方法について述べる。

## 質問紙調査

この調査の対象はC社の日本法人とした。なぜ本社（米国）ではなく、日本法人かといえば、第一に、国民文化の影響をできる限り避けるためである。組織文化が国民文化に大きく影響されることは前に述べたとおりで、A社とB社という企業の違いを明確に引き出すには、統合前にAまたはB社に勤務し、かつ、同じ国に居住する人を対象とするのが望ましい。米国本社では、みな米国在住という点ではよいとしても、ほとんどがB社出身で占められるのに対し、日本法人では、A社とB社の出身者数が拮抗しており、調査対象として適している。

さらに、出身者数の比率がほぼ同じことから、組織メンバー間の相互作用が、より活発に起こった代表的サイトであることが、第二の理由である。第三には、現地法人ではあるが、ほとんどすべての機能部門をカバーしていることである。それには品質インシデント・プロセスに関与する部門、QA、技術、生産、顧客サポートなどが含まれる。

対象者は、七百名余の該当者の中から、A社出身五〇名、B社出身五〇名、合わせて一〇〇名を、C社の協力を得て無作為に抽出した。対象者の国籍はいずれも日本であった。調査時期は、統合後ちょうど五年目を終わった時期である。調査は、C社の協力者から対象者全員に社内メールで依頼し、回答はこちらが指定した回答サイトへ直接回答してもらう、オンライン方式とした。その際、対象者からの回答には、無記名で回答者コードのみを記してもらうようにした。調査元の当方では、C社協力者から対象者名の記載がない回答者コードのリストを入手し、回答の有効性識別に用いた。したがって、対象者名と回答者コードの対応はC社の協力者のみが知り、回答内容は調査元のみが知るということになる。これは対象者の個人情報保護、および、回答にバイアスが含まれるポテンシャルを減らす目的で採った方法[2]である。

質問項目は、組織文化全般に関する質問が八問、品質の枠組に関する質問が一四問、回答者属性に関する質問が一四問の計三六問とした。回答の解釈に恣意《しい》性が入ることを避けるため、設問はリッカート法[3]ではなく、回答は「はい」か「いいえ」、または該当項目の選択式とし、回答所要時間は十分以内で済むようにした。質問には、統合時に相手方の組織文化について違いがあると感じたかどうか、統合後に組織文化は同じになったと感じるかどうか、同じになったとしたらいつごろか、組織文化が変わるには、メンバー間の相互作用とマネジメントのリーダーシップの、どちらが強く作用するか、などが含まれる。

## インタビュー調査

インタビューは、C社日本法人および米国本社の二箇所で実施した。これは、統合前にPMIプロジェクトに参画し、また、統合後は品質インシデント・プロセスに直接的に関与する機会が多い部門のマネジャーが居る地域を選んだものである。対象者は次の条件を満たす人で、かつ、本人の同意が得られた人である。第一に、機能部門のマネジャーであって、その部門を俯瞰できる立場での回答が得られること。第二に、A社からC社、または、B社からC社へと継続して十年以上の勤務経験を持ち、PMIフェーズを経験していること。第三に、A社出身およびB社出身の両方から選ばれること。第四に、品質インシデント・プロセスに関与する部門、QA、顧客サポート、技術のいずれかに所属すること。

表5－1に、これらの条件を満たして選ばれたインタビュー対象者の属性を示す。出身会社は四名づつ均等で、勤続年数はA社出身

表5-1　インタビュー対象者

| 回答者 No. | 機能部門 | 職位 | 勤続年数 | 出身会社 | 勤務地 | 海外勤務経験 |
|---|---|---|---|---|---|---|
| 1 | QA（A）* | 部長 | 30 | B | 日本 | 有 |
| 2 | 技術（A） | 部長 | 24 | B | 日本 | 有 |
| 3 | 技術（B） | 部長 | 24 | A | 日本 | 無 |
| 4 | QA（C） | 部長 | 30 | A | 日本 | 有 |
| 5 | QA（B） | Senior Manager | 22 | B | US | 有 |
| 6 | 顧客サポート | Manager | 22 | B | US | 無 |
| 7 | 技術（C） | 部長 | 30 | A | 日本 | 有 |
| 8 | 技術（D） | 部長 | 33 | A | 日本 | 無 |

*（　）は担当モデル。

者が平均二九年、B社出身者は平均二五年、所属は技術が四名、QA三名、顧客サポート一名である。

インタビューは、統合から約七年経過後に計四回に分けて行い、一人一回あたり一時間半程度を掛けて対面で行った（回答者4、7は複数回実施）。インタビューに先立って、各対象者には組織文化や品質の枠組の概念や定義について説明し、共通の理解を得た上で実施した。

質問内容は、主に品質の枠組や品質インシデント・プロセスに関するもので、品質インシデントにどのように関わったか、相手方の品質の枠組についてどのように感じたか、品質インシデント・プロセスが統合後にどう変わったか、そして、意思決定機会への参画頻度などである。インタビューの最後には、第四章で示した事例データの分析結果を示し、それに対する対象者の見解を求めた。

## 調査の結果

質問紙調査の結果、回答数は六八件で、そのうち一名はC社発足時の新入社であったため除外し、有効回答数は六七件である。回答者プロフィールを表5－2に示す。この表から、B社出身者には、他社勤務や米国一年以上の滞在経験者が比較的多く、A社出身者とは異なるプロフィールを持っていることが分かる。

表 5-2　質問票調査の回答者プロフィール

| | 回答依頼 | 有効回答 | 職位課長以上 | 勤続年数10年以上 | 他社経験あり | 米国滞在経験あり | 海外顧客交流あり |
|---|---|---|---|---|---|---|---|
| A社出身 | 50 | 33 (66%)* | 33 (100%)** | 33 (100%)** | 0 (0%)** | 5 (15%)** | 13 (39%)** |
| B社出身 | 50 | 34 (68%)* | 34 (100%)** | 34 (100%)** | 6 (18%)** | 12 (35%)** | 15 (44%)** |
| 全体 | 100 | 67 (67%)* | 67 (100%)** | 67 (100%)** | 6 (9%)** | 17 (25%)** | 28 (42%)** |

* 有効回答率，** 該当比率

回答者の所属部門は、技術がもっとも多く、生産、QA、顧客サポート、他の順である。勤続年数はすべての回答者が十年以上で、平均値は約十六年であった。以下にそれぞれの調査項目に対する結果を述べる。なお、インタンビューの結果については、第四章でその一部を引用しているが、本章では各項の質問紙調査結果とあわせて、関連するインタビューの結果を示すほかに、意思決定機会への参画頻度、顧客ミーティングにおける顧客の声、事例データ分析結果に対する対象者の見解については、別項として述べる。

## 組織文化は変容したか

質問紙調査で行ったA、B両社の組織文化、および、品質の枠組の変容に関する四つの質問に対する回答結果は、図5－1に示すとおりである。統合時点において、組織文化および品質の枠組のいずれも、両社間で違いがあったとの回答が圧倒的である。品質の枠組は、統合時から違いはなかった、との回答者が二割ほどいるが、組織文化は全員、違いがあったと回答した。

調査時点では、組織文化および品質の枠組のいずれも、C社内で同じに

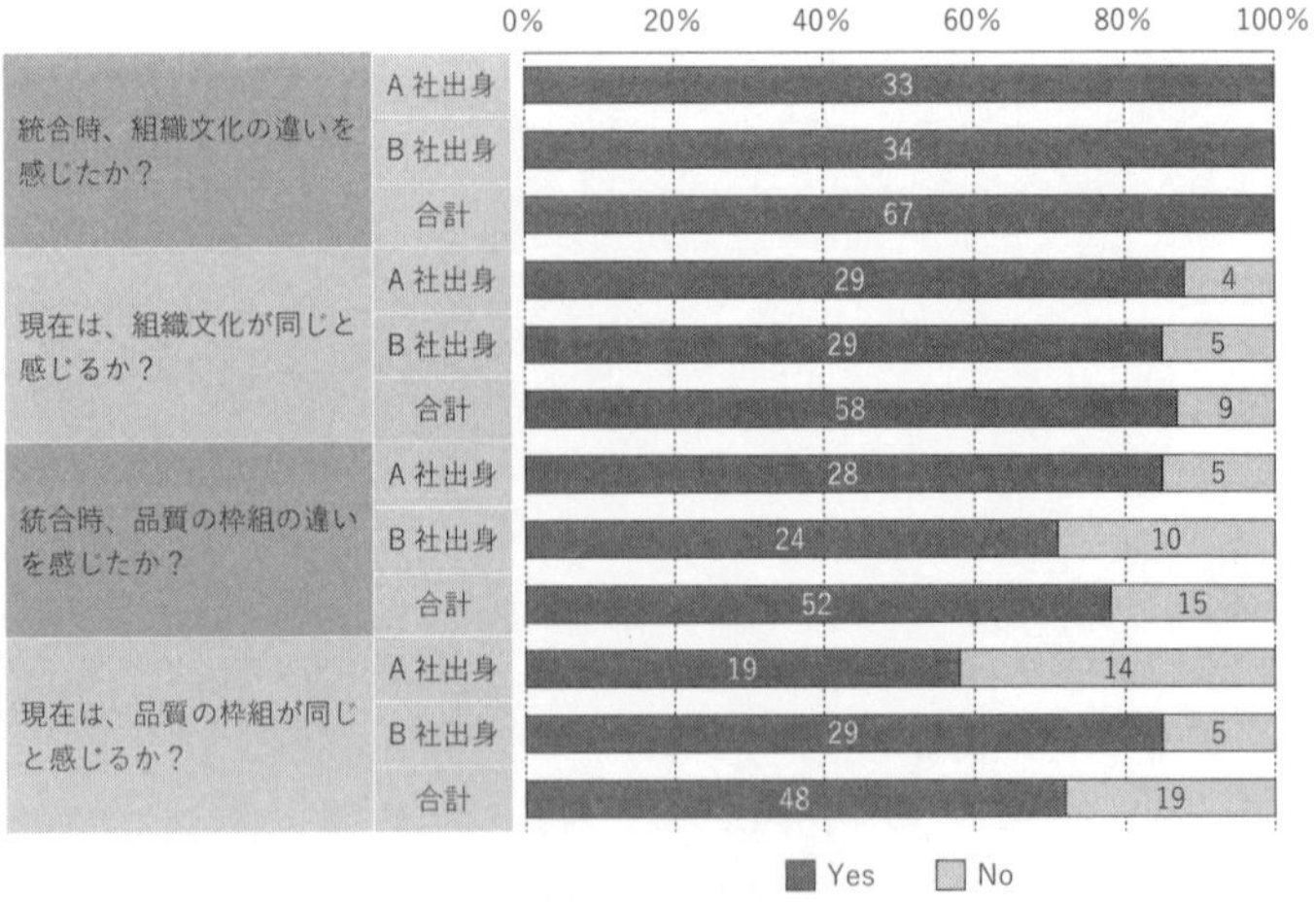


図 5-1　組織文化、品質の枠組に関する回答結果

なったという回答が大勢である。ただし、品質の枠組は、A社出身とB社出身で、同じになったとする割合に有意な違いがある。すなわち、A社出身がより多く、まだ違いがあるとしている。なお、この質問で回答者は、品質の枠組の第二、三層を区別せず一体として答えたといえる。

インタビューの結果では、両社間における品質の枠組（第一層以外）の違いについて、対象者全員が統合時には違いを感じたと述べている。どのような点かについて、QAマネジャーは次のように述べている。「新製品開発時における品質の問題を、どう捉えるかについて大きく違っていた。B社はまずリスクを考え、起きている事象が低リスクか高リスクかのカテゴリで考える。一方、A社はとにもかくにも原因追究を優先するという考え方だった」。別のQAマネジャーは、「組織やプロセスが異なるのは当然としても、QAの役割や権限のあり方がどうあるべきかについての考え方は、まったく異なると感じた」と述べている。また、技術マネジャーは次のように述べた。「開発で新しい技術にチャレンジする際、品質面でのリスクをどこまで意識して、思いきってやるかどうかというときに、A社は保守的ではないかという感じを持った」。また、別の技術マネジャー二名は、両社間で、技術部門の役割が大きく異なっていたことを、同じように指摘した。すなわち、A社では設計オールマイティの考え方があり、どこで何が起こっても、すべてに設計が主導的に関わる。これに対し、B社では各部門がそれぞれ責任を果たすという分業、および責任分担の考え方が徹底している点である。また、調査時点において、組織メンバーの品質認知が、第三レベルに達したと感じているかどうかを訊《たず》ねた結果では、八名中五名が肯定したのに対し、技術マネジャー一名はまだ分からないとし、米国の二名、QAマネジャーおよび顧客サポート・マネジャーは、当初よりは同化が進んだが、まだ違いがあると述べた。

## 組織文化が同化したと感じた時期

組織文化ないしは品質の枠組が同じになった（同化した）と感じた人に対しては、いつごろかを訊いた。回答形式は、発足一年目、二年目、三年目、四年目、五年目の択一とした。この結果から、同化したと感じた人の率（同化回答率と呼び、有効回答者数に占める割合で示す）を累積した値で示すと、図５－２のようになる。この図から、回答者の半数以上が同化したと感じた時期は、組織文化および品質の枠組のどちらで見ても、統合後三年目であることが分かる。また、品質の枠

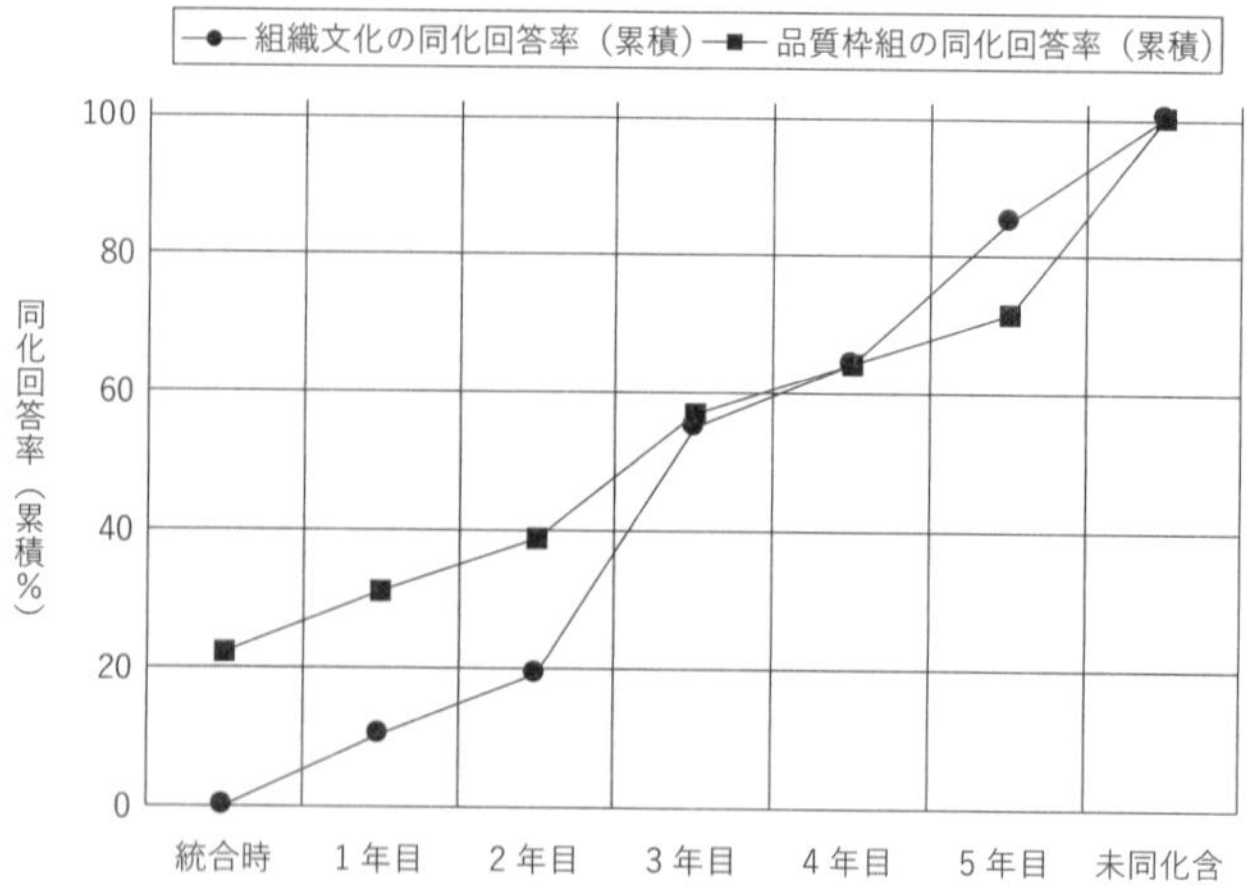


**図5-2　組織文化、品質の枠組の同化回答率（累積）推移**

組の同化回答率を見ると、二割強の人が当初から違いを感じなかったとしており、増加する傾斜は緩やかになっている。

インタビューにおいても、品質の枠組がいつごろ同じになったか、すなわち、品質認知が第三レベルに達した時期はいつごろかを訊ねている。回答は二〜五年目の間でばらばらであった。あるＱＡマネジャーは、統合して二〜三年目と答えたのに対し、別のＱＡマネジャーは三〜四年目とし、技術マネジャーは四〜五年掛かっていると答えた。日本の技術マネジャー一名、および米国のマネジャー二名は、まだ同化していないと答えている。

なお、図５－２は質問紙調査の結果で示しており、インタビューの結果は含んでいない。したがって、Ｃ社日本法人での結果を示している。

## トップダウンかメンバー間の相互作用か

組織文化は、組織のリーダーによるリーダーシップ、および組織メンバー間の相互作用の二つを通して変わり得る。質問紙調査では、C社において、統合後に組織文化が変わったとしたら、トップダウンの作用と組織メンバー間の相互作用の、どちらがより強く作用したかを質問した。統合後に組織文化が変わった、と答えた人の回答結果を図5－3に示す。

これによれば、全体では半々に割れたものの、A社出身者とB社出身者とで逆の傾向を示している。すなわち、A社出身では相互作用がより強いと答えた人が多く、B社出身ではトップダウンの作用が強いと答えた人が多い。インタビューにおいても同様の質問を行っている。その結果は、質問紙調査結果での違いと同じように、A社は相互作用が強く働き、B社はトップダウンが強く作用するとの回答が多かった。次章のモデル構築によるシミュレーションでは、この結果を基にしてパラメータの設定を行うようにする。

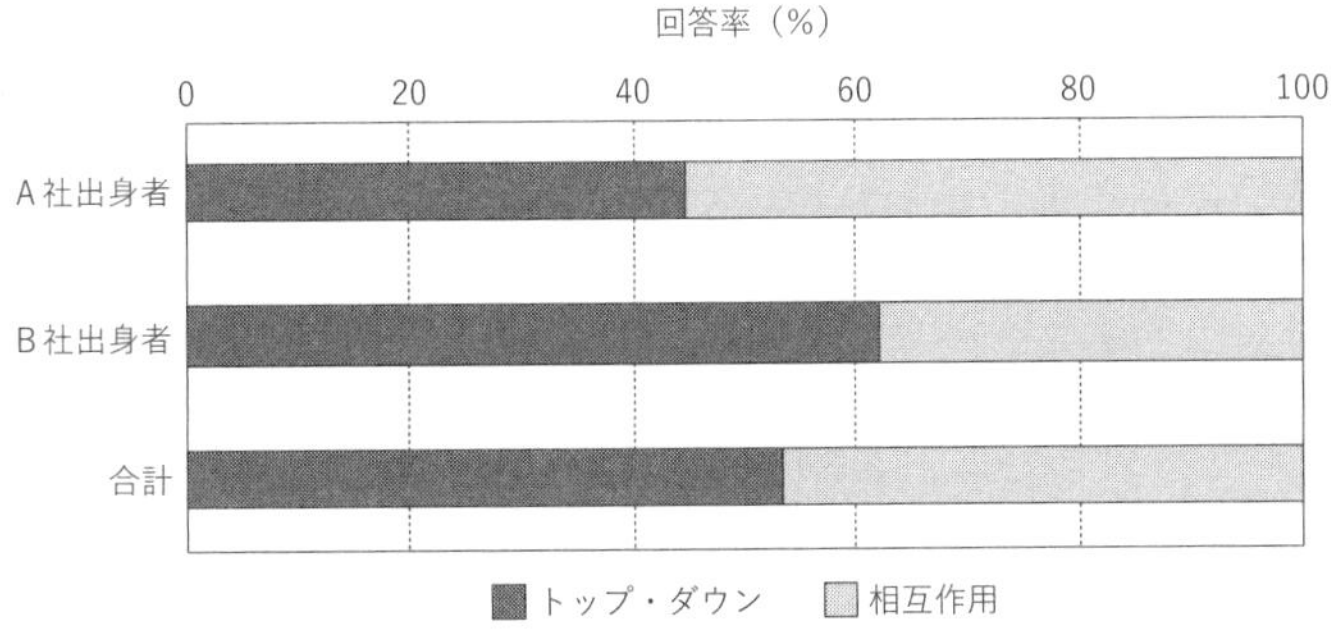


**図 5-3　組織文化の変容にはどちらの作用がより効くのか**

## 企業理念は浸透したか

品質認知が第三レベルまで進んだかどうかを、質問紙調査から知ることは難しいが、品質の枠組の第三層にあたる品質の理念について、どの程度まで浸透しているかを調べることは可能である。本調査では品質の理念の一つについて質問している。これは、元々A社において広く浸透しているとされるもので、C社でもトップの判断により承継された。回答結果は、平均して九七％の回答者がその理念を知っているとし、そして、七二％は、知らない人に説明できるレベルで理解しているとした。サンプリング誤差を考慮しても、知っているとの回答率は有意に高い。また、この理念はA社オリジンであり、B社出身者に差が出ることが予想されたが、出身の違いによる差は統計的に有意とは言えない程度であり、全社的に浸透したことを示している。部門別に見ると、この浸透程度には少し差がみられる。ＱＡ、技術、および顧客サポート部門では一〇〇％、生産部門では九三％に対し、その他の部門での平均は八八％であった。なお、どの部門も回答者の出身比率はほぼ半分になっている。品質インシデントに関与する機会が多い部門においては、浸透度が高くなっていた。

## 意思決定機会への参画頻度

ここで意思決定機会とは、組織としての意思決定を行う機会を指し、たとえば、複数の部門が関連する問題に対して、どのような解決策が必要か、そして、どの対策案をとるべきかなどについて、関係する組織メンバーが参画し、協議して決める場である。マネジメントが単独で意思決定する、あるいは、組織メンバーが個別に意思決定するような機会は、これに含めない。

一般にはミーティングという形で意思決定機会が設けられる。C社が設立するまで、および、設立してから、どのような形式と頻度で意思決定機会があったかを知ることは、品質認知のレベルの推移を調べる上で重要なポイントである。なぜならば、そうした意思決定機会への参画は、マネジメントからのトップダウンの作用や、自分以外の組織メンバーとの意見交換などによる相互作用によって、自分の持つ品質の枠組を見直すかどうかを左右する、主要な機会となるからである。これは前に述べた認知発達理論に基づく品質認知を促す機会といえる。

PMIフェーズにおける意思決定機会に深く関わった経験を持つ技術マネジャーは、次のように述べた。「PMIでは期限が切られており、A、B両社のキー・パーソンでプロジェクト・チームを構成し、連日のように打ち合わせを持った。それらは、日本と米国から交互に出張しての対面会議もあれば、電話会議も多く用いられた。米国の日曜日を除き、ほとんど毎日だった。参画するメンバー数は、各チームあたり大体十名ぐらいであった」。もちろん、こうしたミーティングと前後して、特定の一対一のコミュニケーションも数多く行われたが、意思決定が認められて実効化するのは、こうした意思決定機会であったとされる。

品質チームについても、同じような規模と頻度でPMI活動が行われた。QAマネジャーによれば、それらは週あたり十回程度のミーティングで、それぞれの参画は八〜一二名ぐらいであったとされる。C社発足後は、品質インシデントに関する意思決定機会が、実質的に品質認知を促すドライバーになったとも述べている。

品質インシデントが一度発生すると、関連する意思決定機会が何回ぐらい持たれるかを訊ねた結果では、少ない場合は二、三回から、多い場合は三〇回を超えるケースもあるが、大抵は一〇〜二〇回に入るとされる。回数の見当について、QAマネジャー二名の回答はほぼ同じであった。参画者数は、関与する機能部門それぞれから代表者一名は必須であり、平均すると六名ぐらいとされる。

また、QAマネジャーへのインタビューにより、C社全体で品質インシデントに直接的に関与する部門のマネジャー総数は、約四百名と見積もられた。このような意思決定機会の形式や頻度に関するデータは、次章でのモデル・シミュレーションにおいて、C社に近似するシミュレーション条件を設定する際に用いられる。

## 顧客の声

顧客とのミーティングは、サプライヤ企業が顧客の生の声を聞く貴重な機会であり、三ヶ月ごとのQBRミーティングの外に、月一回程度の頻度で、顧客サポート・マネジャーが出向いて行われた。特に、前章で示した品質関連項目は、品質データとは異なり、顧客の知覚による主観的な評価であるため、実情を把握し難い面がある。しかし、顧客の声に耳を澄ませることで実態に迫ることが出来る。統合一年目の後半から翌年前半にかけて、顧客とのミーティングの機会を通じ、複数の顧客から次のような声が聞かれた。これらは、顧客サポート・マネジャーへのインタビューにより確認した内容である。

1　応答や対策が統合前に比べて遅い。
2　品質より売上げ優先に見えるなど、品質の考え方にC社内で不一致がある。
3　組織構造がサイロ化して、仕事が前よりやり難くなった。
4　A社が買収したのに、以前のA社のようではなくなった。

1は、顧客の要望や問題発生に対する応答や対策のスピードが、顧客側の期待値より遅いことを指し、合わせて三顧客から同じような指摘を受けたとしている。2〜4は、いずれも1に付随したコメントであり、2は対応者によって考え方に違いがみられるとの指摘であり、3は組織間での連携が悪く、それぞれの組織が独自の判断で不統一な対応をしているとの指摘である。また、4は顧客から見てA社の特長が失われたとの指摘である。

こうした顧客の声は重大であり、組織構造や業務プロセスの問題にとどまらず、組織内や組織間での価値観の共有ができていないことを示している。こうした状況が、C社で全社的な品質イニシャティブを始める契機になったとされる。前章で述べた品質ランキングの急低下の要因は、品質関連項目の評価下落であったことを、こうした顧客の声は裏付けている。

### 事例データ分析結果への見解

インタビューの最後に、事例データの分析結果を提示し、それぞれの対象者の見解を訊ねた。ある技術マネジャーは、「個人ごとの違いがより大きいと思えるので、品質に関する文化が組織単位で同化するという捉え方が出来るのかどうか分からない。よって、品質インシデント・プロセスの効率にこれが関係するとは言えない」と否定的なコメントであったが、他の対象者七名は、分析結果を肯定する見方で、「よく理解できる」あるいは「納得がいく」といった見解が示された。これらは、分析結果の妥当性を示す根拠とするものではないが、少なくとも、それらが大方の当事者における実務上の感覚とずれていないことを示している。

## 調査結果を考える

質問紙調査およびインタビューの結果について、次の三つの視点から考察を加えたい。第一に、組織文化の変容を捉える手段としての質問紙調査の方法と結果。第二には、調査結果から同化の時期とその要因をどう特定するか。第三は、調査範囲についての限界と今後の課題を示す。

### 組織文化の変容をどう捉えるか

組織文化の深い層は、組織メンバーの意識の中に内在し、行動に反映される。したがって、それを測定する手掛かりになるのは、組織メンバーの意識あるいは言動である。意識を調査するには、質問紙調査やインタビューが有効であり、言動を調査するには、観察あるいは記録を分析する方法がある。[4]

品質の枠組の第三層は、組織メンバー自身に意識されない、すなわち意識下に沈潜しているものであり、これを質問しても、本人自身がどの程度正確に表現できるかどうかには疑問がある。米国、カッツらは、これらの意識されない微妙な要因は、本人に直接質問しても分からないことが多いので、質問紙調査よりも観察の方がより正確に把握出来るとしている。[5]しかしながら、観察や記録による分析では、その解釈の過程に研究者の恣意が介入し得る問題があり、客観性を確保するには、やはり組織メンバーの意識調査を行うことが必要となる。

組織メンバーの意識調査によって、組織文化を定量的に計測する方法としては、ＯＣＩ[6]やＤＯＣＳ[7]など、いくつかの質問紙調査による方法が提案され、実施例も報告されている。では、企業統合の前後での組織文化の変容は、どのようにすれば捉えることが出来るだろうか。統合前と後の両時点において質問紙調査を行い、それらを比較することによって組織文化の変容を捉える方法を採っている研究もある。米国、ブオーノらの調査[8]では、二つの銀行の統合前一回と、統合後一年および三年目の計三回にわたって意識調査を行っている。しかし、統合前と後では調査対象者およびその数が同じではなく、統合後には新たに入社したメンバーも含まれる。したがって、統合の前後において変化が認められる結果が得られたとしても、元々意識下の要因を対象とする調査であることを考慮すると、その比較結果には疑問が残る。

これに対しロペスは、同じ対象者に統合前と後の両時点での回答を求めている。[9] この場合は、本人の認識に基づく組織文化の変化を調べる上では、より正確な結果が期待できる。しかし、この調査では対象者数が一社あたり数名と少なく、統計的な意味を持つ結果を示したとは言い難い。

本書で採った方法は、組織文化や品質の枠組に関する質問紙調査で、それらの内容自体を引き出すための質問は行わず、統合時点と調査時点とを比べて変わったかどうか、あるいは、調査時点では同じかどうか、を訊ねるものである。統合時を振り返って答える際には、一般に、調査時点での状況によって、ハロー効果[10]が含まれる可能性がある。しかし、この質問は、単に、変わったか、変わらないか、あるいは、同じか、違うか、という相対的な評価を択一で問うものであり、文化変容に関するこれらの回答は、そのとおりに解釈してもよいと考えられる。これらの結果は、前章のデータ分析において、統合直後には品質の枠組に組織内不整合があり、その後に解消された、としたことを補強するものである。

ここで、質問紙調査の結果は、品質の枠組のどの層に関するものであるのかを考えたい。質問紙では、「品質に対する考え方や価値観」として訊ねており、これは品質の枠組の第二層か、あるいは第二および第三層の両方を含むか、のどちらかである。C社が発足した時点で、品質の枠組の第一層はすでに統合されており、また、質問内容からも第一層を含まないことは明らかである。しかし第二層と第三層とを区別して、どの層に関する回答であるかを同定することは出来ない。特に第三層は無意識的な信念に関わるものであり、回答者の判断自体が、当人の持つ主観的基準により差がある。したがって、これらの結果は、回答者が認識する範囲での、第二層、または第二および第三層を合わせた品質の枠組についての回答であると捉えられる。

第二層と第三層とを区別して調べることは、品質の枠組について三つの層の定義を説明し、共通の理解を得た上で実施したインタビュー結果では、前に述べたように、ＱＡマネジャーの証言により、第二層と第三層の適応時期は同時ではなく、第二層まで適応して、しばらく後に第三層に至ったことが示されている。

## 組織文化の同化時期と変容の要因

Ｃ社における組織文化の同化時期は、次のことを総合すると、統合後三年目辺りであると考えられる。第一に、質問紙調査の結果で、組織文化および品質の枠組（第二、三層）のどちらで捉えても統合三年目に同じになったとする回答がもっとも多い。第二には、同化回答率の累積値の推移（図５－２）をみると、統合三年目で約六割に達する。そして、第三に、インタビューの結果では、統合後二～五年目の間にばらつくが、各部門間での差を考慮すれば、質問紙調査の結果と矛盾しない。このように質問紙調査およびインタビュー結果から、組織文化の同化および品質認知が、第三レベルに達した時期が三年目辺りとされることは、前章の事例データ分析と矛盾するものではなく、これを補強するものといえる。

なお、図5－2において、品質の枠組（第二、三層）が、組織文化に比べて初期値が高く、かつ、増加の傾斜が緩やかであるのは、調査対象者が管理者層であることから、「品質の枠組は、本来普遍的なものであり、最初から違いがあったはずはない」との規範的な回答へのバイアスが働いた結果、初期値が高くなった可能性は否定できない。組織文化については、こうしたバイアスが働く理由はないので、累積の同化回答率については、組織文化の推移の方がより実態に近いものと考えられる。

組織文化を変える要因として、トップダウンとメンバー間の相互作用のどちらが強いかについては、A社出身者とB社出身者間では傾向が違うことを示したが、回答者の属性による差を調べた結果、B社出身で米国駐在経験ありの一二名中九名（七五％）は、トップダウンの作用が強いと回答し、駐在経験なしの二二名中七名（三二％）と比べて際立って高く、有意な差がある。すなわち、B社出身者において、米国駐在経験とトップダウンの作用が強いとすることには関連がある。これは、米国駐在経験が、トップダウン作用が強いとする傾向があることを示唆している。しかし、A社出身では駐在経験者数が少なく、このような関連は見出せなかった。こうした出身会社による違いは、統合前の組織文化が異なっているという証左でもある。

## 組織文化を把握する困難さ

調査時点での組織文化および品質の枠組（第二、三層）を、当事者である組織メンバーはどのように感じているのだろうか。質問紙調査においては、調査時点のC社の組織文化が、統合前のA、B社の、どちらにより近いと思うかを質問している。同様の質問は品質の枠組（第二、三層）についても行った。これらの結果は、A社出身者はB社に近いと感じている人が多く、B社出身者は逆にA社に近いと感じている人が多いことを示している（どちらの結果も、出身別の差は統計的に有意であった）。

C社の組織文化を、第三者から客観的に見て、かつてのA、B社のどちらに近いかを特定することは難しいが、C社のマネジメントは新たな組織文化を目指したのであり、最終的にはトップダウンの文化に収斂する結果となることから、A、B両社から合成されたどちらでもない新たなものになったといえよう。しかしながら、当事者から見ると、出身会社によって逆の感じ方になるという結果である。これは自分の持っていた主観的枠組と異なった事象は、際立って感じる認知バイアスが、双方で働いた結果によるものではないかと考えられる。質問紙調査によって、組織文化自体を把握することの難しさを示す一例といえよう。

組織文化や品質の枠組（第二、三層）の内容自体が、どのように変わったかを把握するには、質問紙調査のみではなく、たとえば、エスノグラフィー[11]を取り入れた客観的な観察アプローチを併せて用いることも必要であろう。ここでは、内容自体を把握して、その変化を分析することは行っていないが、今後に残された課題の一つである。

## 調査の限界と課題

本調査は、質問紙調査については日本法人、インタビューについては日本および米国に限って実施した。これは、調査対象を品質インシデントに直接的に関与する機会の多い部門、および地域に限定したことによる。しかし、インタビューの結果、米国のＱＡマネジャーによれば、米国およびシンガポールやタイなど、日本以外の地域における品質の理念についての浸透度は、日本に比べるとかなり低いという。試しに、米国において無作為に選んだ四十名ぐらいに訊ねた結果では、知っていると答えた人は六割ほどであったという。

世界各国に拠点を持つＣ社での品質認知のレベルを捉えるには、品質インシデントに間接的に関与する部門および地域も含めて、調査対象を広げる必要があるかもしれない。それによって、品質認知が、地域による多様性や流動性を持った事象として捉えられ、グローバルに展開している企業での全社的な品質認知という視点から、新たな課題が浮かぶ可能性もある。インタビューについても、品質インシデントに間接的に関与した人や、回答にバイアスが生じる可能性が低い、たとえば、Ｃ社を退社した人や、直接的な利害関係を持たない人などに対象を広げて行うことにより、統合プロセスの違った側面が見えてくる可能性もある。こうした更なる調査および検討は、今後に残された課題である。

# 第六章　再社会化のモデル化とシミュレーション

エージェント・ベース・モデリングは、数学的に記述された法則と、言葉で記述した事例・ケースの中間に位置する。

それは、再現や追試が容易なことと、人々の間で伝達性・理解性が高いことに大きな特長がある

（寺野 二〇〇四）[1]

## シェリングの分居モデル

一九七一年、後《のち》にノーベル経済学賞を受けた米国のトーマス・シェリングは、「棲《す》み分けの動学的モデル」（Dynamic Models of Segregation）と題する論文を発表した。[2] これが社会科学分野に、エージェント・ベース・モデリング（ＡＢＭ）の手法を取り入れた最初とされる。[3]

この研究は、米国の非営利組織、ランド研究所からの資金によるもので、アメリカの都市で、人々が民族集団ごとに分かれて生活する（「分居」の状態）現象の解明が狙いだった。それまでの通説では、地域社会における差別意識や相互排他意識が、こうした分居を促すとされていたが、シェリングはシミュレーションによって、個々の居住者の排他意識はそれほど強くなくても、たとえば、近隣住民に占める同色居住者の比率が三分の一以上なら引っ越しはしないで住み続ける、という寛容な条件にしても、地域社会全体では、相互作用によって分居が進んでしまうことを示した。

図６－１は二種類の人種（○と#で表示）がランダムに配置された初期状態から、相互作用が進んで平衡状態になったとき、人種別の分居状態になることを示している。相互作用は、サイコロを振って注目する居住者を決め、その近隣八箇所（東西南北のほかに、北東・南東・北西・南西を含む）の同色居住者の比率を調べ、それが三分の一未満なら空き地に引っ越す。これを引っ越しが発

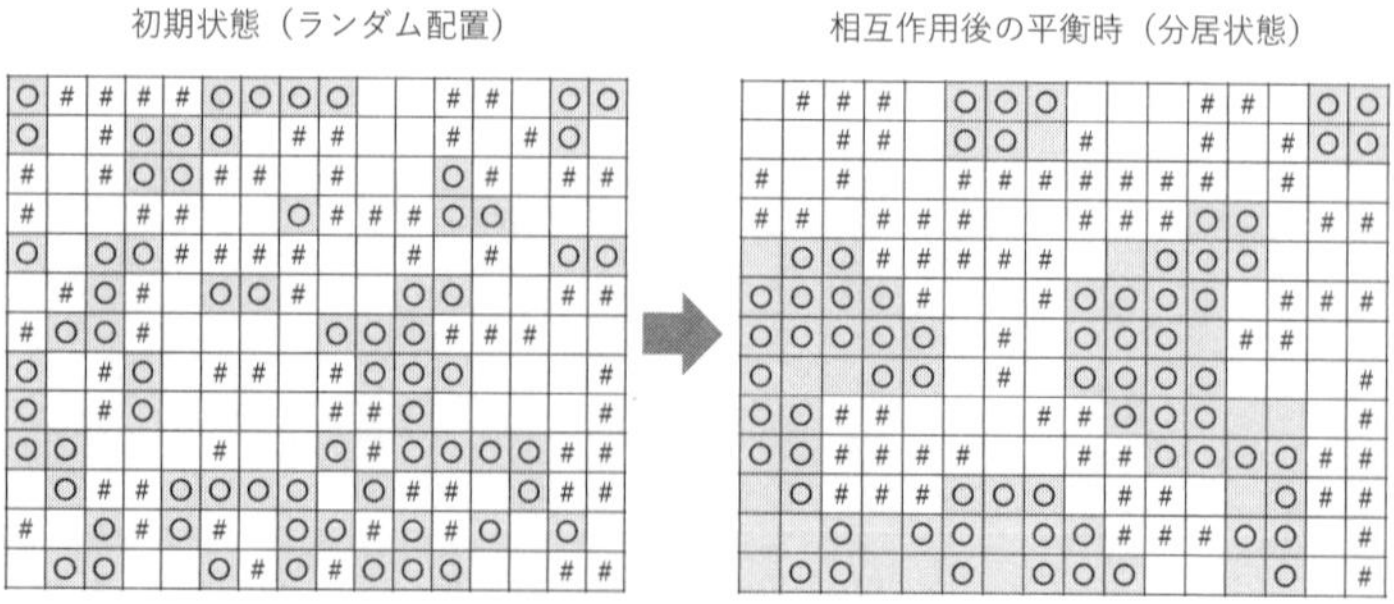


出典：註2・Scheling（1971）参照。

**図6-1　シェリングの分居モデル**

生しなくなるまで繰り返すというものである。

当時はまだコンピュータがなく、シェリングは、チェッカーボードと二種類の硬貨（ペニーとダイム）、それにサイコロを使い、長い時間を掛けてこのシミュレーションを行った。今ではＰＣを使って、手軽に、しかも短時間の内にこのモデルのシミュレーションが可能である。[4]

モデル構築によるシミュレーションは、組織行動に焦点を当てた研究や理論を進めるための方法として、社会科学の分野で応用されてきた。たとえば、コーヘンらによる組織における意思決定に関する「ゴミ箱モデル」、マーチによる企業戦略に関する「探索と活用のバランス・モデル」、カーリーによる学習プロセスに対する見方を提供した「学習モデル」、そして、アクセルロッドによるＡＢＭを使った「文化の流布モデル」などがあげられる。その後、社会、経済、組織など、人間が主体となって関わる複雑系のさまざまな課題の分析に、ＡＢＭの手法が利用されてきている。その中で「人々を笑わせ、そして考えさせる」[5]興味深い一例を、次に紹介したい。

## ピーターの法則は正しい？

「ピーターの法則」とは、一九六九年年、南カリフォルニア大学教授の教育学者、ローレンス・ピーターが、カナダの劇作家、レイモンド・ハルとの共著『ピーターの法則』[6]の中で提唱した社会学の法則である。この法則の骨子は、「能力主義の階層社会では、すべての人は能力の極限まで昇進を重ね、各人の無能レベルに到達する。その結果、各階層は、無能な人間で埋め尽くされる。その組織の仕事は、まだ昇進の余地のある人によって遂行される」というものである。

これを確かめようと、イタリアのカターニア大学生三名が、ABMを使ってシミュレーションを行った。ちなみに、この論文[7]は二〇一〇年のイグ・ノーベル賞を受けている。このモデルでは、まず図6－2に示す典型的な階層組織（レベル1～6の六階層、160のポスト）を

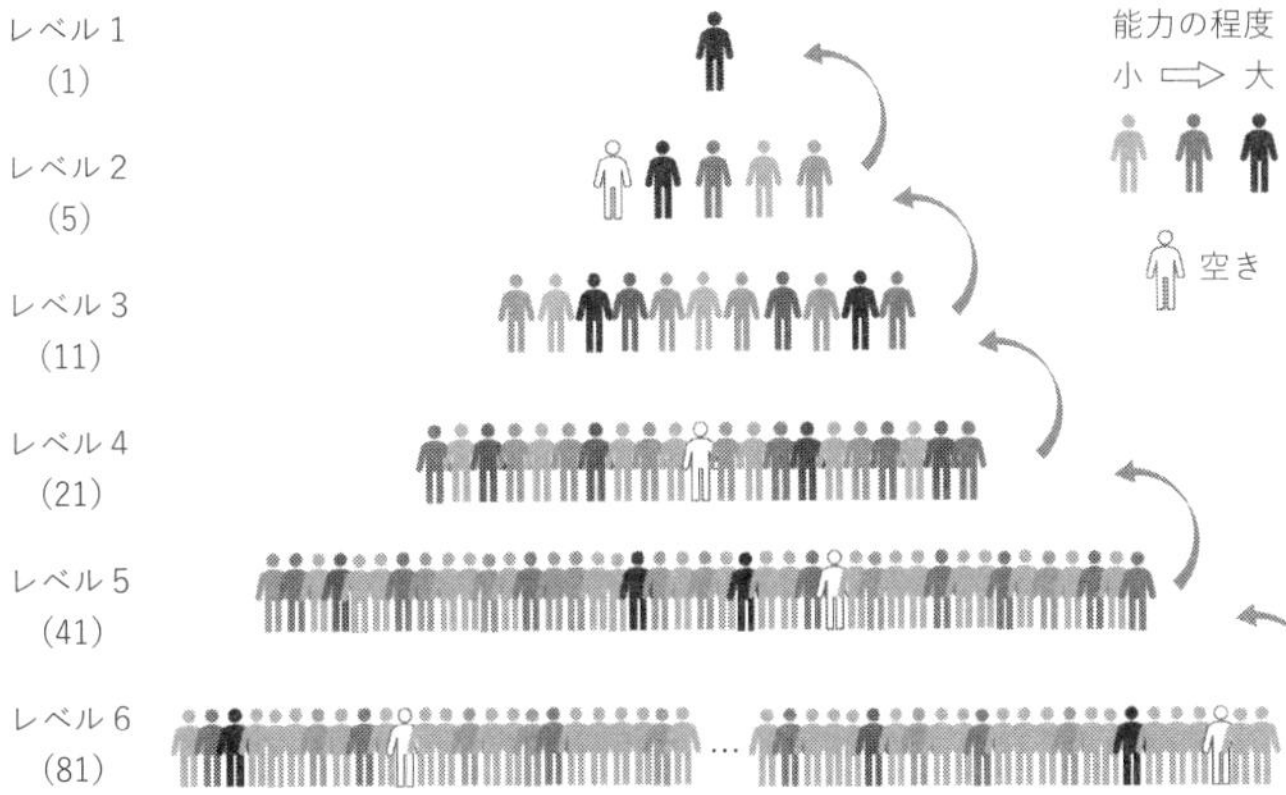


出典：註6・Peter and Hull（1969）参照。

**図6-2　典型的な階層組織**

**表 6-1　ピーターの法則シミュレーション結果**
（組織の効率を初期値に対する変化%で示す）

| | ①：能力最高の人を昇進 | ②：能力最低の人を昇進 | ③：ランダムに昇進 | ④：①と②交互 |
|---|---|---|---|---|
| ピーター仮説 | -10 | +12 | +1 | +1.5 |
| 常識仮説 | +9 | -5 | +2 | +1.5 |

出典：図 6-2 と同じ。

想定し、各ポストにエージェント（自らの内部状態と意思決定能力とを備え、自律的に活動する組織メンバー、つまり、個人を指す）を配置する。その際、年齢の初期値（一八～六〇歳の範囲）と能力の程度（1～10の一〇段階）を正規分布からランダムに決める。年に一回見直しを行い、年齢は一つ増え、定年の六〇歳に達したら退職となり、また、能力が4以下のエージェントは解雇される。

こうして生じた空席には、すぐ下の層からの昇進、または、最下層の場合は新規採用で補充される。同じ階層にいる間、能力は変わらないが、昇進した後の能力は見直されて、二通りの仮説で決める。すなわち、ピーター仮説では、新しいポストでの能力は、前のポストでの能力とは無関係に、ランダムに決める。常識仮説では、前のポストでの能力の±1の範囲でランダムに決める。昇進させるルールは、四通りとし、①はもっとも能力の高いエージェントを昇進させる、②はもっとも能力の低いエージェントを昇進させる、③は能力によらず、ランダムに昇進させる、④は①と②を交互に行う、というものである。なお、組織全体のパフォーマンスを決める効率は、階層別の責務ファクターと各エージェントの能力程度の積和を、それらの最大値で除した値で表される。

シミュレーションの結果は、表6－1に示すように、ピーター仮説では②がもっとも高い効率、①が最低で、③と④は中間となり、ピーターの法則と整合する。一方、常識仮説では、やはり①が最高で、②は最低、③と④は中間となる。

この結果を見ると、ピーター仮説の①と、常識仮説の②では、前者の方が効率の低下が著しい。すなわち、もっとも高い能力の人を昇進させる方法では、その人がどのポストでも能力が高いという確信がなければ、組織全体に無能を蔓延《まんえん》させるリスクがある。そして、もっともリスクの低い方法は、③のランダムか、または④の交互方式であると結論付けている。モデル化によるシミュレーションは、このように理論との整合性だけでなく、さまざまに条件を変えた試行が容易にできることに強みがある。

## シミュレーション・モデルの構築

シミュレーション・モデルは、前述のABMのほか、システム・ダイナミック・モデル、セルラー・オートマタ・モデルの三つが一般によく使われるが、経営理論の分野ではABMが多い。ABMは、組織メンバーが相互作用を通して影響を及ぼし合う態様を、モデル化して扱うことに適しており、本書でもこの手法を用いて、品質認知のモデルを構築したい。

モデル構築によるシミュレーションの狙いは、次の三つの点に集約される。まず、第三章で述べた品質認知に関する理論に基づいて、モデルを構築し、シミュレーションを行うことにより、そのプロセスを定量的に可視化して理解することである。これによって、統合後に品質認知がどのように進むのか、つまり、第一レベルから第三レベルに至る経過を、定量化して捉えることが出来るようになる。

二つ目には、構築したモデルに、事例企業の条件データに基づくパラメータをセットして、事例に近似した条件でシミュレーションを行い、その結果を実際の観測データと対比して、モデルの妥当性を見ることである。

三つ目には、事例とは異なる条件下において、品質認知がどのような態様を示すかについて、予測を試みる。すなわち、このアプローチは、品質認知に関する理論と、観測された事例データとの間の、論理的ギャップを埋めるものとなる。なお、ＡＢＭのシミュレーション・ツールは、日本語を扱えるいくつかのソフトが提供されているが、ここでは、構造計画研究所のartisoc[8]を用いた。以下、モデル構築の詳細について述べる。

## 品質認知モデルの基本形

品質認知は、エージェントによる活動の一連の繋《つな》がりとして表すことができる。これまで、ＡおよびＢ社出身という、統合前の二つの異なる集団間に視点をおいて分析してきた。ここでは、個々のエージェントからボトムアップして、二つの集団が新たな組織に適応していく過程を、モデル化してシミュレーションを行う。

モデルの基本的なアイディアは、各エージェントが意思決定機会に参画する活動を通じて、トップダウンの作用や、他のエージェントとの相互作用によって、自分の品質の枠組を徐々に変化させながら適応していくというものである。つまり、企業組織においては、個々人が自立的に振る舞うとしても、エージェント間の相互作用のみではなく、マネジメントによるトップダウンの作用も品質認知を進める駆動力であり、これら二つの作用を含めてモデル化することが必要と考えられる。ここでは、さまざまな拡張モデルの原型とされてきた、アクセルロッドの文化の流布モデル[9]をベースとし、その拡張により品質認知のモデル化を行うこととする。

まず、エージェントの基本形を定める。第三章での定義により、各エージェントは、それぞれ品質の枠組の特性（以下、文化特性と呼ぶ）を持ち、それらは三つの層構造を持った要素（以下、文化要素と呼ぶ）によって構成される。すなわち、あるエージェントの文化要素は、第一層から第三層に対応して三つあり、それぞれは、A（A社の文化）、B（B社の文化）、C（C社の文化）タイプのいずれかとなる。初期状態では、A社出身は三つの層すべてAタイプであり、B社出身はすべてBタイプとなる。最初からCタイプのエージェントは居ないが、文化変容を遂げた結果、最終的には全エージェントがCタイプになる。

各文化要素は、それぞれの層ごとに決まる慣性力（慣性パラメータ）を持ち、深い層の文化要素ほど変化し難い性質を持っている。異なった文化要素に変えようとする作用の履歴が閾値に達したら、それに合わせて変えるものとし、慣性パラメータの値はその閾値を示す。

品質認知は、各エージェントが内部に持っている主観的枠組、つまり、文化特性を構成する文化要素を、外界からの二つの作用、すなわち、新組織のマネジメントによるトップダウンの作用や、文化特性の異なる他のエージェントとの相互作用によって変化させ、それらに適応していく過程である。外界からの作用により自己の文化要素を変えるかどうかは、各エージェントが持つ変化への適応感度と、慣性パラメータによって決まり、適応感度は、作用の種別や出身会社によって定まる。すなわち各エージェントは、出身会社別に、それぞれ二つの感度パラメータ、トップダウンの作用に対する適応感度と、相互作用に対する適応感度を持つ。

次に、ベースとなるアクセルロッドのモデルに対して、本書のモデルは、どのような拡張が、なぜ必要となるのかについて、次の四点に纏《まと》めて示す。

第一は、各エージェントへの作用に関する拡張である。アクセルロッドのモデルでは、エージェント間の相互作用のみが文化特性を変える駆動源であり、これにトップダウンの作用を加えるには拡張が必要である。このモデルにはさまざまな拡張が提案され、柴内らは相互作用のほかにマス・メディアの作用を加えた拡張モデルを提示した。[10] これは近隣エージェントとの相互作用のほかに、たとえば、新聞やTVなどのマス・メディアからのブロード・キャスト情報による作用によっても、文化特性を変え得るとするモデルである。このモデルは、さらにゴンザレス・アヴェーラらによって拡張されている。[11] こうした拡張モデルは、マス・メディアをトップダウンと読み替えると、ここで目指す品質認知のモデルに適用できる可能性がある。しかし、組織におけるトップダウンは、マス・メディアによるブロード・キャストとは性格が異なり、発生する機会や作用の強さの面で大きな違いがあるため、同一モデルとするには無理があり、ここでは、トップダウンの作用を考慮した拡張モデルが必要である。

第二は、文化特性と文化要素との構造に関する。アクセルロッドのモデルや、これまでの拡張モデルでは、各エージェントの持つ文化特性を、複数の、並列で独立した文化要素の集合として扱っている。しかし、品質の枠組を表す文化特性は、三つの層からなる階層構造であり、各層に対応する文化要素は並列ではなく、階層的で直列的なものとして扱う必要がある。この点においても従来モデルの拡張が必要である。

第三は、文化要素の変わり難さに関するパラメータである。従来モデルでは、作用を及ぼす相手エージェントと、活動する自分との文化特性の類似度を計算し、それを適応感度としている。しかし、ここでは文化特性の層ごとに定まる慣性力を考慮する必要があり、慣性パラメータは適応感度と同じにはならない。よって、この点についても拡張が必要である。

第四は、エージェントの活動空間と、相互作用の相手となる近隣エージェントの位置に関する。これまでのモデルでは、まずエージェントを格子空間上にランダムに配置し、そして、相互作用を行う相手エージェントは、自分の地理的近傍のエージェントから選ばれる。しかし、組織における意思決定機会では、地理的な近傍よりも、むしろ職務上で関係するエージェントとの相互作用が効くと考えられる。したがって、本モデルでは、相手エージェントは、エージェント空間の全域からランダムに選ばれるように変更する。

## 品質認知と意思決定機会

本モデルで、各エージェントが、自分の持つ文化特性を変化させて、品質認知を促す契機は、意思決定機会へ参画する機会とする。前章で述べたインタビュー結果により、品質認知を促す主要な機会としてあげられるのが、意思決定機会への参画であり、また、その頻度や参加エージェント数は定量化して把握できる。ここでは、これをエージェントの活動としてモデル化する。図6－3は、エージェント空間および活動するエージェントの選択方法を示す。

エージェント空間は、これまでのモデルに合わせて格子状の空間を想定する。この空間に存在するエージェントの総数をN（整数）とし、それぞれの意思決定機会では、この空間の全域から、ランダムにm人のエージェントが選択され、意思決定グ

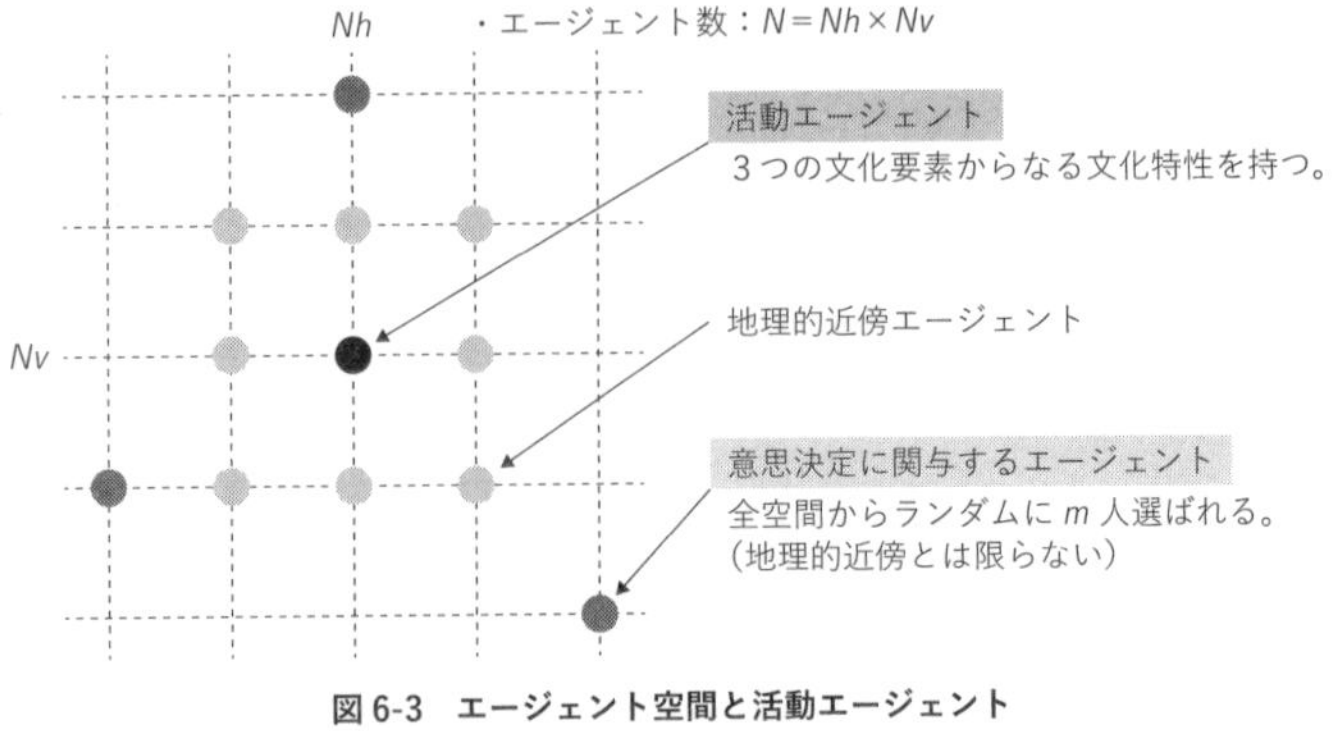


図6-3　エージェント空間と活動エージェント

ループを構成する。そして、意思決定グループの中ではエージェント間の相互作用が起こる。また、トップダウンの作用は各エージェントに直接起こる。ただし、ある意思決定機会において、各エージェントに相互作用とトップダウン作用のどちらが働くかは、半々の確率でどちらか一方のみとする。

図6－4はエージェントの活動を簡略化してフロー図で示したものである。各エージェントは、それぞれ二つの感度パラメータ（トップダウンの作用、または、他エージェントとの相互作用に適用される）を持ち、それらの値は0・0～1・0の範囲で、自分の文化要素を変えるかどうかの確率を表す。

### 文化特性の類似度と意思決定指数

図6－4に示すエージェントの活動が繰り返されると、各エージェントはトップダウンの作用、ないしは、他エージェントとの相互作用により、自分の文化要素を変え、徐々に適応が進むことになる。ここで、エージェント間における品質

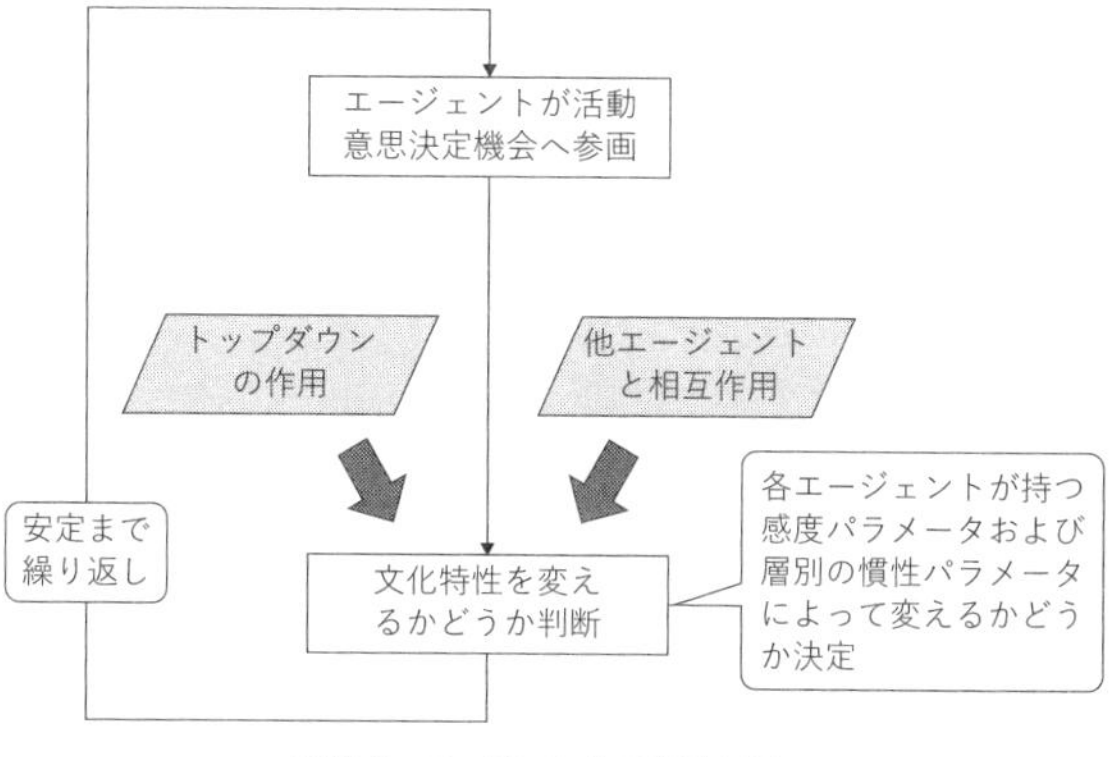


図 6-4　エージェントの活動フロー

の枠組の類似度、およびそれによって定まる意思決定指数を定義する。品質の枠組の類似度は、エージェント間の文化特性が類似している程度を表し、よって、品質認知が進んだ程度、つまり、品質認知のレベルを表す指標となる。

図6－5は意思決定グループに6人（m＝6）のエージェントが参画して構成される場合に、品質の枠組の類似度がどのように決まるかを示している。この図で、エージェント#1の類似度は、グループ内の他エージェント#2～6との類似度（①～⑤）の平均値である。類似度を求める際は、互いの文化要素を層ごとに比較し、同一のときは1、異なるときは0として積算する。次に、積算値を層ごとの慣性パラメータによって重み付けをして、全体の平均値を算出しこれをエージェント#1の類似度とする。他のすべての参画エージェントが同一の文化要素を持っている場合、類似度は1・0となり、すべてと異なる場合は1／mとなる。他のエージェントについても、同様にしてそれぞれの類似度が算出される。

次に、この意思決定グループにおける意思決定指数（DMI）とは、参画している各エージェントにおける品質の枠組の類似度を総

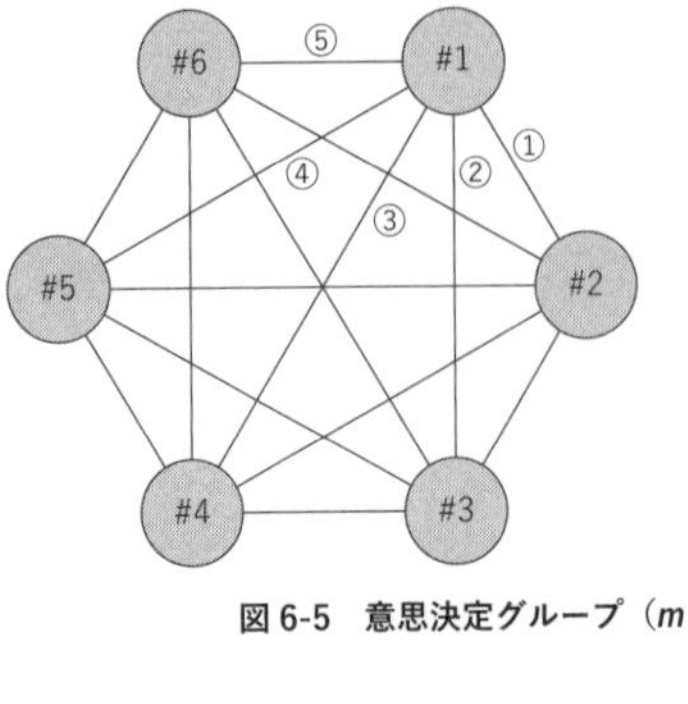

エージェント #1 の類似度は ①～⑤ の平均値とする。他エージェントの場合も同様にして計算する。

図 6-5　意思決定グループ（$m$＝6）における類似度

合して定まる値である。グループとしての意思決定に対する各エージェントの寄与度は、ランダムになるものとし、ここでは、各参画エージェントの類似度に、合計して1・0となる一様乱数を掛けた値の和を、その意思決定グループにおける意思決定指数として定義する。意思決定指数は、品質認知のレベルによる違いを見るため、品質の枠組（文化特性）の第一層から第二層までの類似度（これが1・0のときは、品質認知の第二レベル達成となる）に基づく指数DMI12と、第一層から第三層までの類似度（これが1・0のときは、品質認知の第三レベル達成となる）に基づく指数DMI13の二つを算出する。

## シミュレーションの動作と条件設定

シミュレーションの動作順序、および条件設定は以下のとおり。

1. エージェント空間としてエージェント数NのC社空間を定義し、指定された人員比でA社出身のエージェントA、および、B社出身のエージェントBを空間上に配置する。エージェント数は、C社で品質インシデント・プロセスに関与するマネジャークラスとし、N＝400、エージェント比率はA対B＝1対3とする。
2. その期間における意思決定機会数をセットする。この値は、前章のインタビュー結果にしたがって、PMI期間とC社発足後を別々に設定する。
3. C社空間からm人のエージェントをランダムに選択し、意思決定グループへの参画メンバーとする。この値についても、前章の結果を参照して、ＰＭＩ期間とＣ社発足後を別々に設定する。

4．意思決定グループで最多数の文化要素を層ごとに求め、これをもっとも多勢な文化特性（第一層から第三層までの三つの文化要素を含む）とし、エージェント間の相互作用では、これを「参照する文化特性」として使用する。

5．意思決定グループでの意思決定指数ＤＭＩを計算する。それには、エージェントごとに、グループ内の他エージェントとの文化特性の類似度を求め、それらを総合して意思決定グループにおける二つの意思決定指数（ＤＭＩ12およびＤＭＩ13）を算出する。

6．意思決定グループのすべてのエージェントに対して次の活動を順次行う。まず、トップダウンの作用か、エージェント間の相互作用かを半々の確率で選択し、参照する文化特性、および、適用感度（感度パラメータ）をセットする。次に、第一層から順に、自分の文化特性を、参照する文化特性と比較する。もし、不一致で、作用の履歴が慣性パラメータの閾値に達した場合は、感度パラメータの示す確率で自分の文化特性を参照した文化特性に合わせて変える。閾値に達しない場合は、作用履歴を更新し、グループ内の次のエージェントへ移る。一致の場合は、次の層に進み同様の動作を行う。第三層まで終えたら、グループ内の次のエージェントへ移る。

ここで、感度パラメータは、前章の調査結果を基にして設定する。すなわち、エージェント

Bのトップダウンに対する適応感度は、エージェントAよりも高く、また、エージェントAの相互作用に対する適応感度は、エージェントBよりも高い。ただし、各エージェントが、まったく同じ感度パラメータを持つことはないので、平均値としては前述の差を設け、各エージェントには正規乱数の分布にしたがって、個々に異なる感度パラメータを設定する。また、慣性パラメータの閾値については、慣性力が小、中、大、の三通りを想定して設定する。

7．以上のステップ3から6までを意思決定機会数に達するまで繰り返す。最後に、それまで算出された意思決定指数の平均値を求め、その期間における意思決定指数DMI12、および、DMI13を算出する。

8．以上のステップ2から7までを対象期間すべてに実施する。対象期間は、PMIプロジェクトが開始されたときから統合後五年目まで。ここで統合前のPMI期間を含めるのは、この期間から両社のメンバーは頻繁に交流しており、統合活動が始まったと見なされるからである。

## シミュレーション結果

シミュレーションにおいては、初期条件が同じでも、エージェントの活動順や感度パラメータ設定が乱数の初期値によってその都度異なるため、同じ結果とはならない。したがって、シミュレーションは同じ初期条件で一〇〇回ずつ行うようにした。ここでは、まず慣性パラメータによって意思決定指数がどのように推移するかの結果を示し、続いて、それらの結果とC社の事例データとの比較を行う。次に、トップダウンの文化特性がC社ではなく、AまたはB社と同じにした場合の結果を示す。最後に、初期条件が異なる場合に、結果がどの程度変わるか、シミュレーション条件に対する感度についても述べる。

## 意思決定指数の推移と慣性力の影響

慣性パラメータを変えた場合の意思決定指数DMI12（品質認知の第二レベルの達成度を表す）を図6－6に示す。また、意思決定指数DMI13（品質認知の第三レベルの達成度を表す）を図6－7に示す。

意思決定指数は、どちらも飽和するまでの所要期間は、慣性パラメータが大きくなるほど長くなる。また、最初はまず低下傾向を示し、いったん最小値になってから増加に向かう傾向を示す。つまり、意思決定指数は、エージェントの活動に伴って、単調に増加するわけではなく、最初は逆に低下し、いったん底を打ってから上昇に転ずるという結果となる。

慣性パラメータが同じ場合のDMI12とDMI13との大きな違いは、増加傾向になる時期が、DMI13はDMI12よりも遅れることである。DMI13＝1・0は平衡の状態（品質認知が第三レベルに達した状態）であり、すべてのエージェントが、同じの文化特性になって同化した状態である。そのときの文化特性は、どの結果においても、常にトップダウンの文化特性となる。

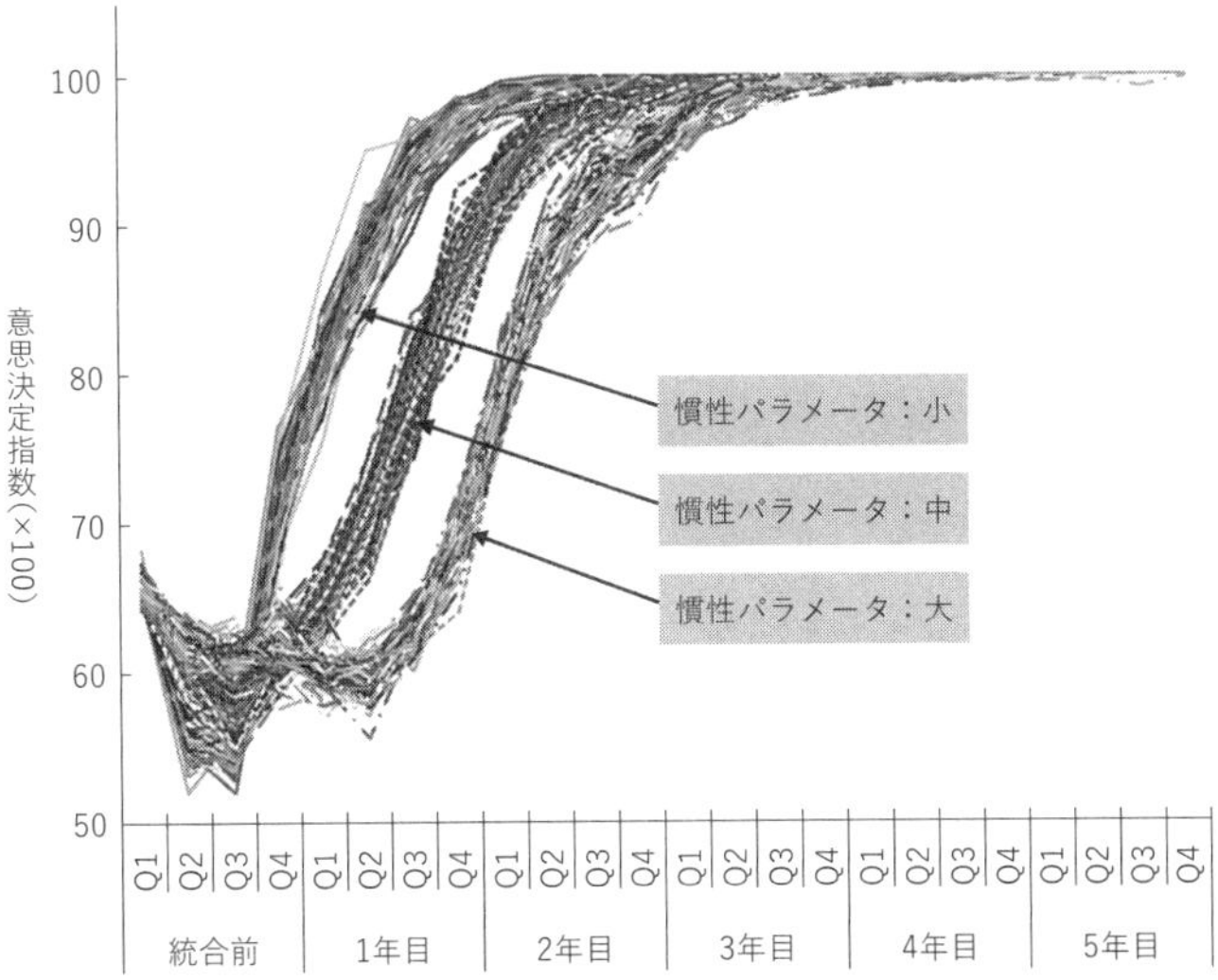


**図 6-6　意思決定指数（DMI12）のシミュレーション結果**

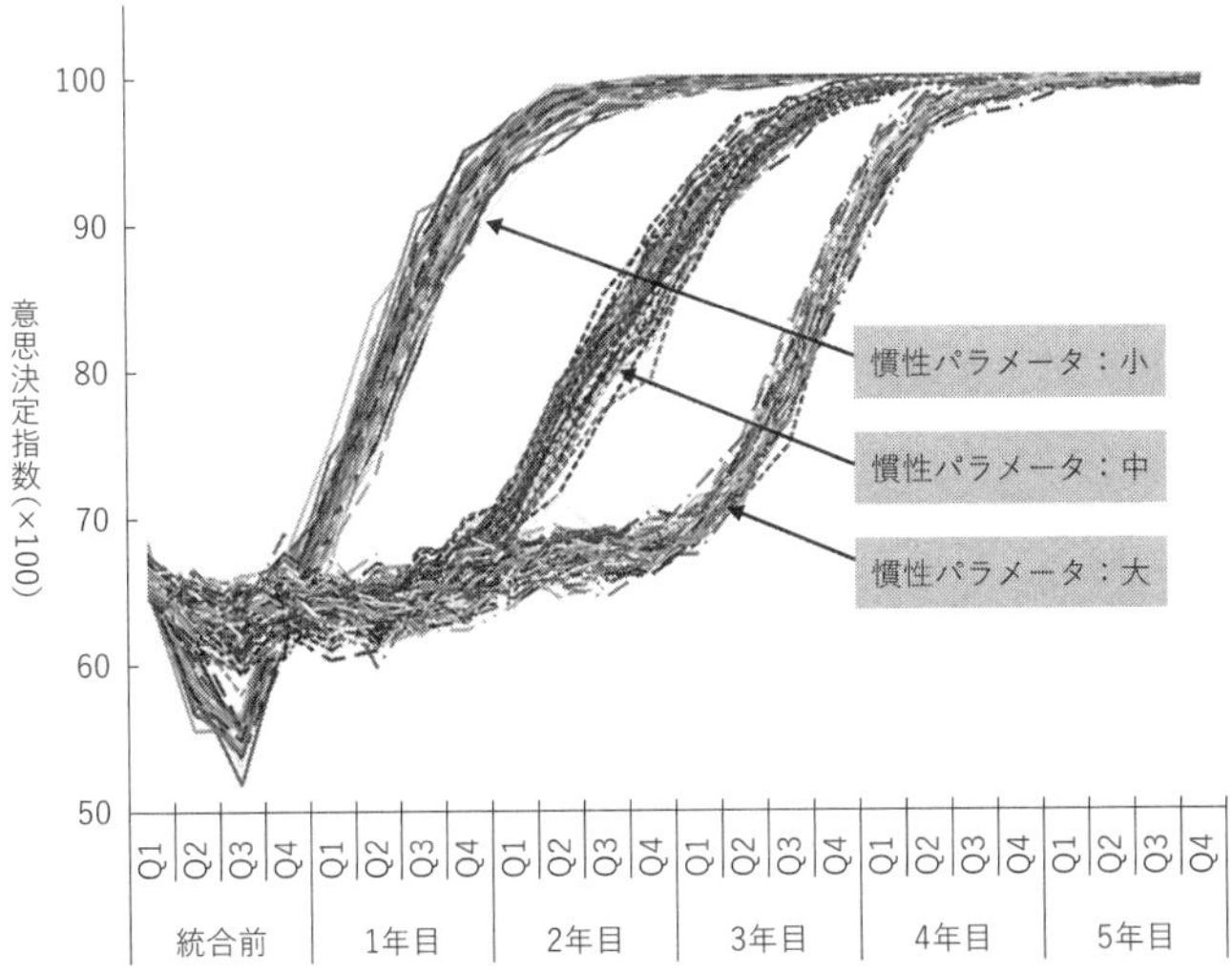


**図 6-7　意思決定指数（DMI13）のシミュレーション結果**

慣性パラメータが小さい場合は、ＤＭＩ12およびＤＭＩ13のどちらも、統合前の期間で最小値となり、統合後は急速に上昇して、ほぼ一年程度で最大値に達する。一方、慣性が大きい場合は、しばらくは低い値の範囲で増減を繰り返し、その後に上昇して最大値に達するが、そこまでの所要期間はＤＭＩ12で見ると統合後三年、ＤＭＩ13では四年を要する。

ここで、意思決定指数ＤＭＩ13が、最初のステップから大きく上昇する傾向に転ずるまでの低い値にとどまる期間を「初期停滞期」と呼ぶことにする。初期停滞期は、これらの結果が示すように、慣性パラメータが大きいほど長くなり、また、初期停滞期が長い場合、意思決定指数が最大値に達するまでの期間、すなわち品質認知が第三レベルに達するまでの期間は長くなる。つまり、慣性力によって、品質認知が進む所要期間は、大きく影響を受ける。

## 事例データとシミュレーション結果との比較

ここで、シミュレーション結果による意思決定指数ＤＭＩ12およびＤＭＩ13の推移を、これまでに示した事例データ、品質インシデントにおける意思決定の効率と比較する。図６－８は、シミュレーションによる意思決定指数と、事例データ、「ＱＡブルティン発行日数」および「クロージング日数」とを、重ねて示したものである。

この図で示されるように、意思決定指数ＤＭＩ12とＱＡブルティン発行における意思決定の効率とは、推移がよく一致し、また、意思決定指数ＤＭＩ13と品質インシデント解決における意思決定

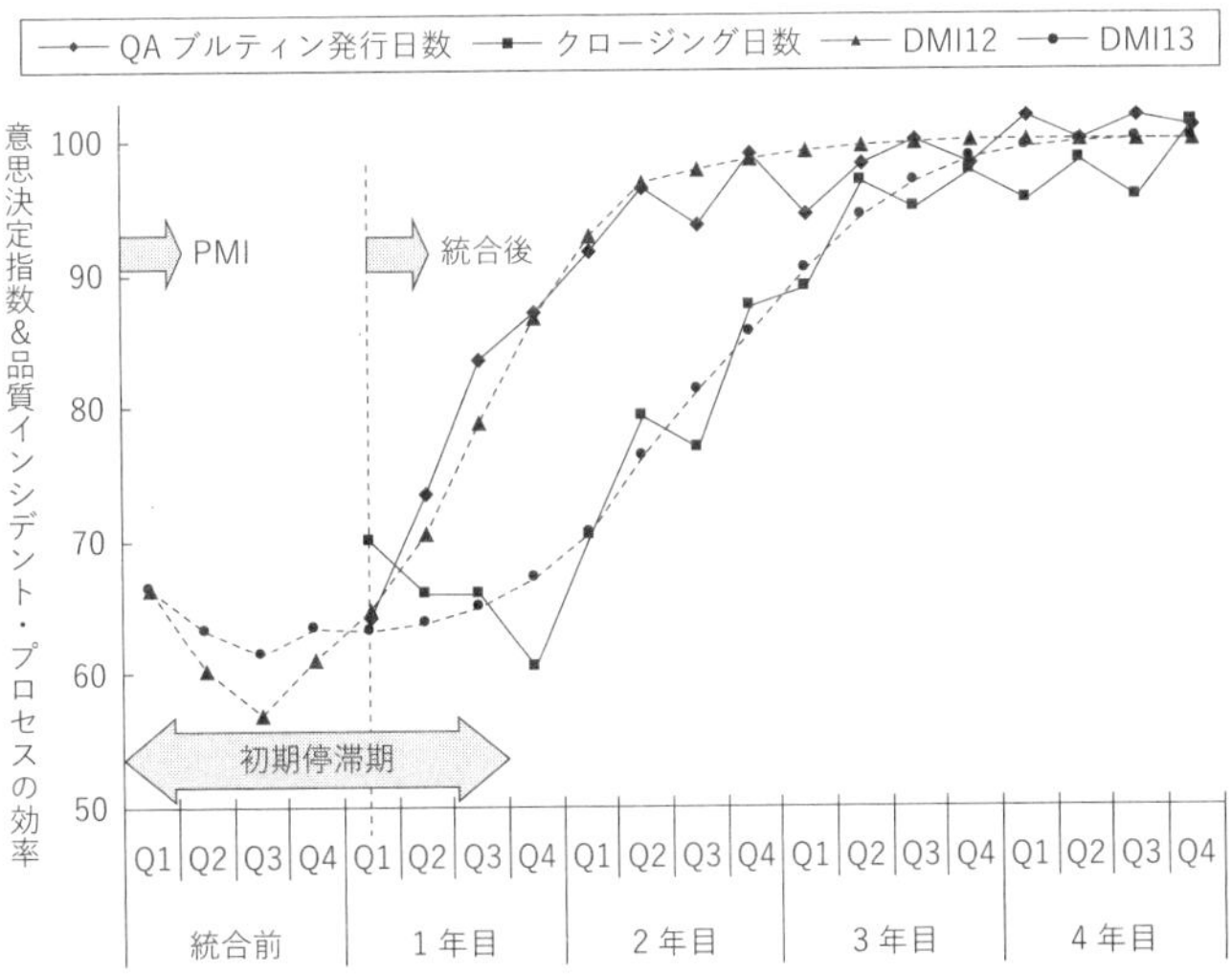


**図 6-8　意思決定指数と品質インシデント・プロセスの効率**

の効率も、推移がよく一致している。すなわち、慣性力を中程度としたとき、シミュレーション結果と事例データの推移とはよく符合する。

第四章の事例データの分析において、ＱＡブルティン発行における意思決定の効率が、品質認知の第二レベルと関連すること、また、品質インシデント解決における意思決定の効率が、品質認知の第三レベルと関連することを示した。シミュレーション結果は、これら事例データの分析結果と整合性があり、品質認知に関する理論と、観測された事例データとの間のギャップを埋めるものである。

## トップダウン文化と初期停滞期の出現

トップダウンの文化特性がC社独自ではなく、A社またはB社のどちらかと同じ場合は、平衡に達するまでのステップ数および経過は異なる結果となる。エージェントの比率が同じ条件（A対B＝1対3）として、トップダウン文化特性が異なる場合の意思決定指数DMI13の推移を図6－9に示す。

　トップダウン文化が多勢なエージェントBと同じ場合は、意思決定指数の初期停滞期は見られずに一気に立ち上がり、平衡に達するまでの期間も短くなる。平衡したときの文化特性は、当然ながらBとなる。一方、トップダウン文化が少数派のエージェントAと同じ場合は、新規にCとした場合よりも少し立ち上がりは早くなるものの、同じように初期停滞期が生じ、平衡までの期間も同じように長く掛かる。このとき平衡に達する文化特性はAとなる。

　このことは、企業統合の場合に限らず、たとえば、ある組織において、少数派の文化特性をトップダウンにより全社的に浸透させようとする場合でも、初期停滞期が生じることを意味する。C社の場合、人員比率が買収側A社よりも被買収側B社の方が大きいことから、トップ

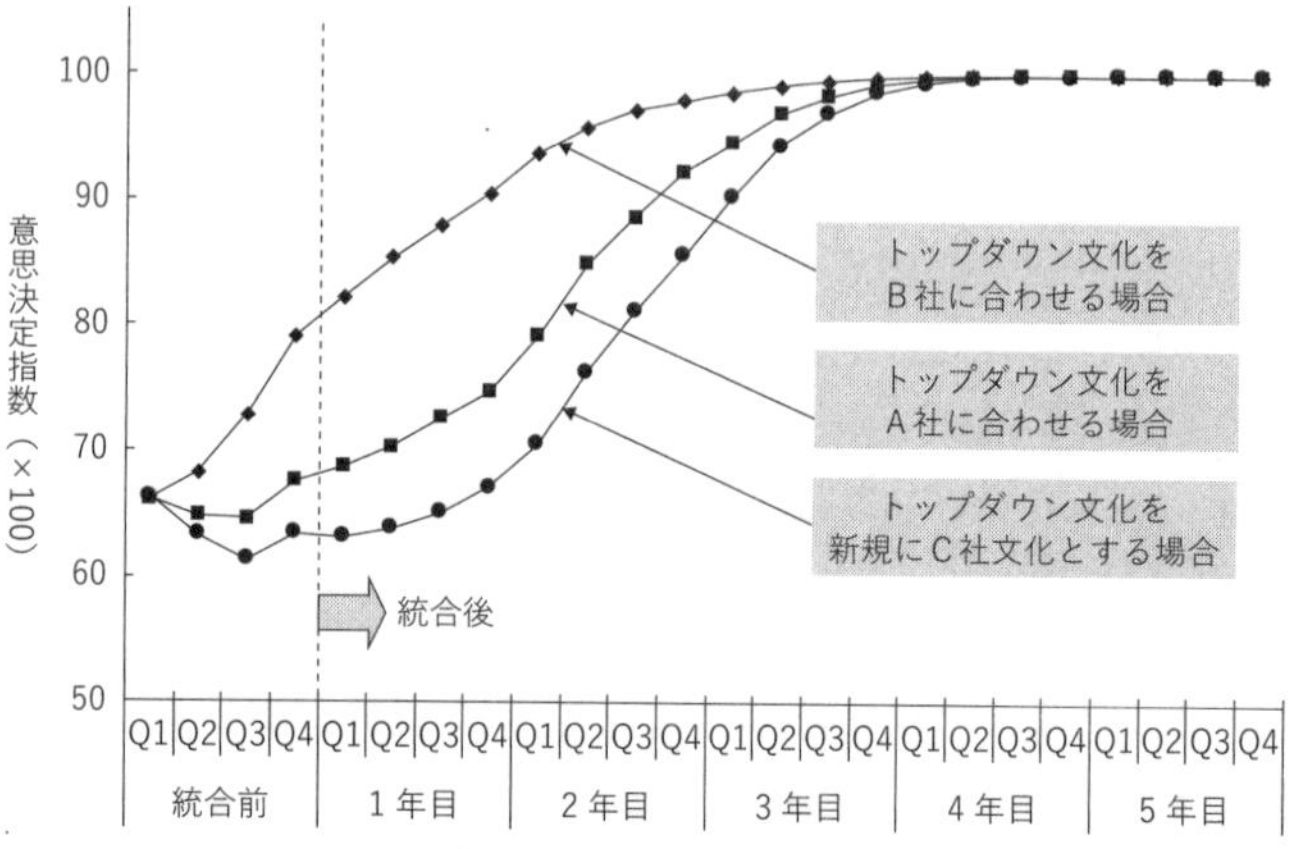


**図6-9　トップ・ダウン文化による意思決定指数の推移**

ダウン文化が多勢な文化特性であるB社と同じでない場合は、初期停滞期を生じることがこの結果によって示された。

## シミュレーション条件に対する感度

初期条件が異なる場合、どの程度シミュレーション結果が変わるだろうか。このモデルで各条件が変わった時、平衡に達する期間がどう変わるかの感度を以下に示す。

1．エージェント数による変化

エージェント数が増加すると、平衡までのステップ数は少しずつ増加する。しかし、エージェント数が一桁増えても、平衡までのステップ数は一・三倍程度であり、組織の規模が大きくなったとしても、組織文化が同化するまでの期間はそれほど増えない結果となる。

2．エージェントの人数比率による変化

エージェントAとBの比率が変わった場合の平衡までのステップ数は、トップダウンの文化特性がA、Bのどちらでもない限り、あまり変わらない。トップダウン文化を多勢な文化特性に合わせた場合は、平衡までのステップ数が短くなることは、図6－9で示したとおりである。

3．各エージェントが持つ適応感度

エージェントAとBが同じ値の適応感度を持つ前提で、その高低によって、同化までのステップ数がどのように変わるかを図6－10に示す。この図は、エージェントが同じ比率の場合

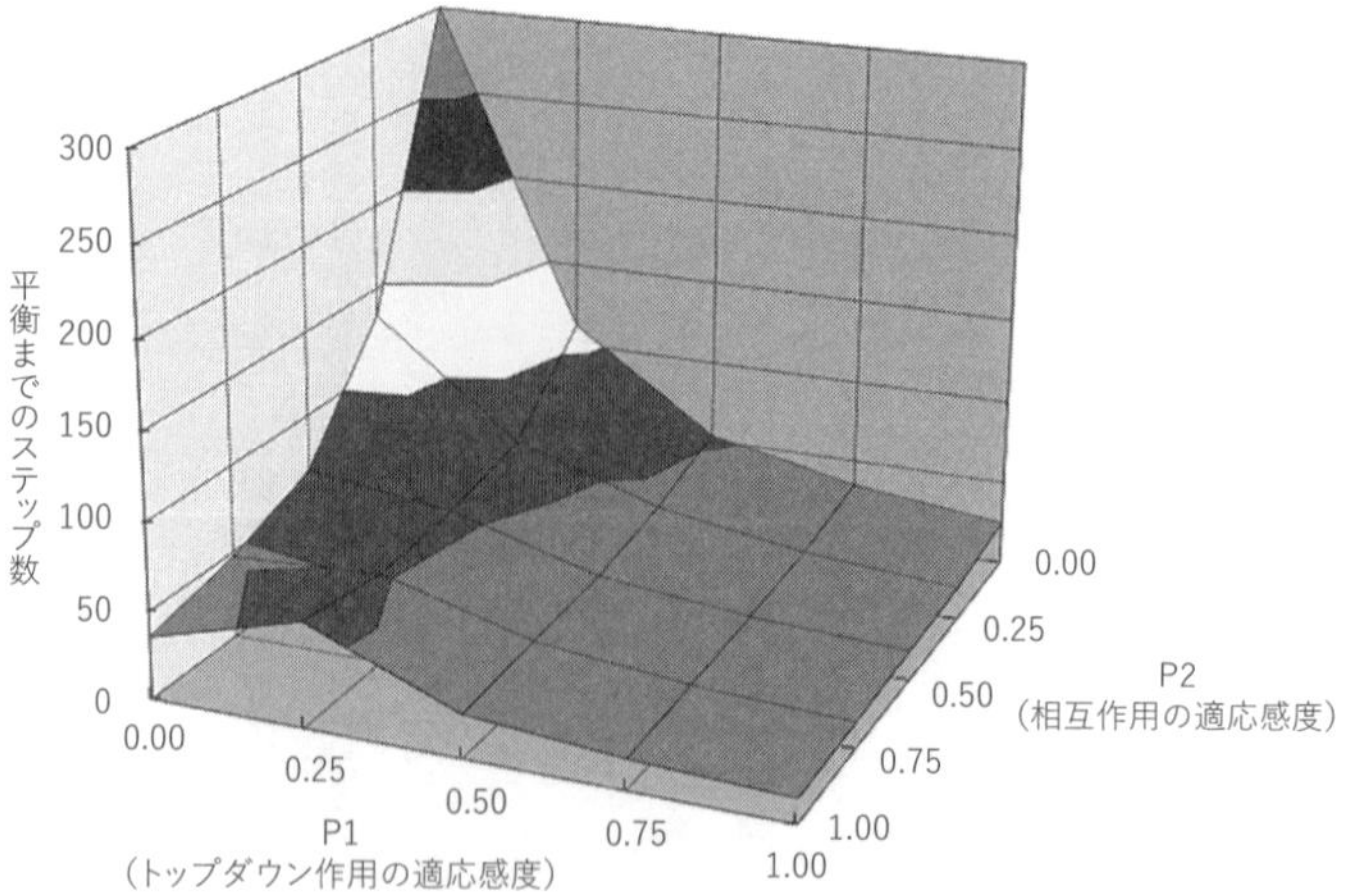


図 6-10　適応感度の違いによる平衡までのステップ数

を示しているが、比率が変わっても結果はほとんど同じとなる。平衡したときの文化特性は、トップダウンの適応感度がゼロでない限り、最終的にトップダウンの文化特性になるが、ゼロの場合は相互作用のみが働くことになり、AとBが入り混じったさまざまなタイプの文化特性が出現する。平衡までのステップ数は、適応感度が高くなるほど少なくなる。

また、トップダウンの適応感度（P１）を一定とすると、相互作用の適応感度（P２）が高いほどステップ数は少なくなる。すなわち、エージェント間の相互作用は、トップダウン文化への収斂《しゅうれん》を促す効果があることを示している。P２を一定とした場合は、P２が低い範囲ではP１が低くなると急激にステップ数は増加する。しかしP２が高い範囲では、P１が低い場合でも平衡までの期間があまり増えることはない。こうした結果は、相互作用の適応感度の方が、平衡までの時間により広範囲に効くことを

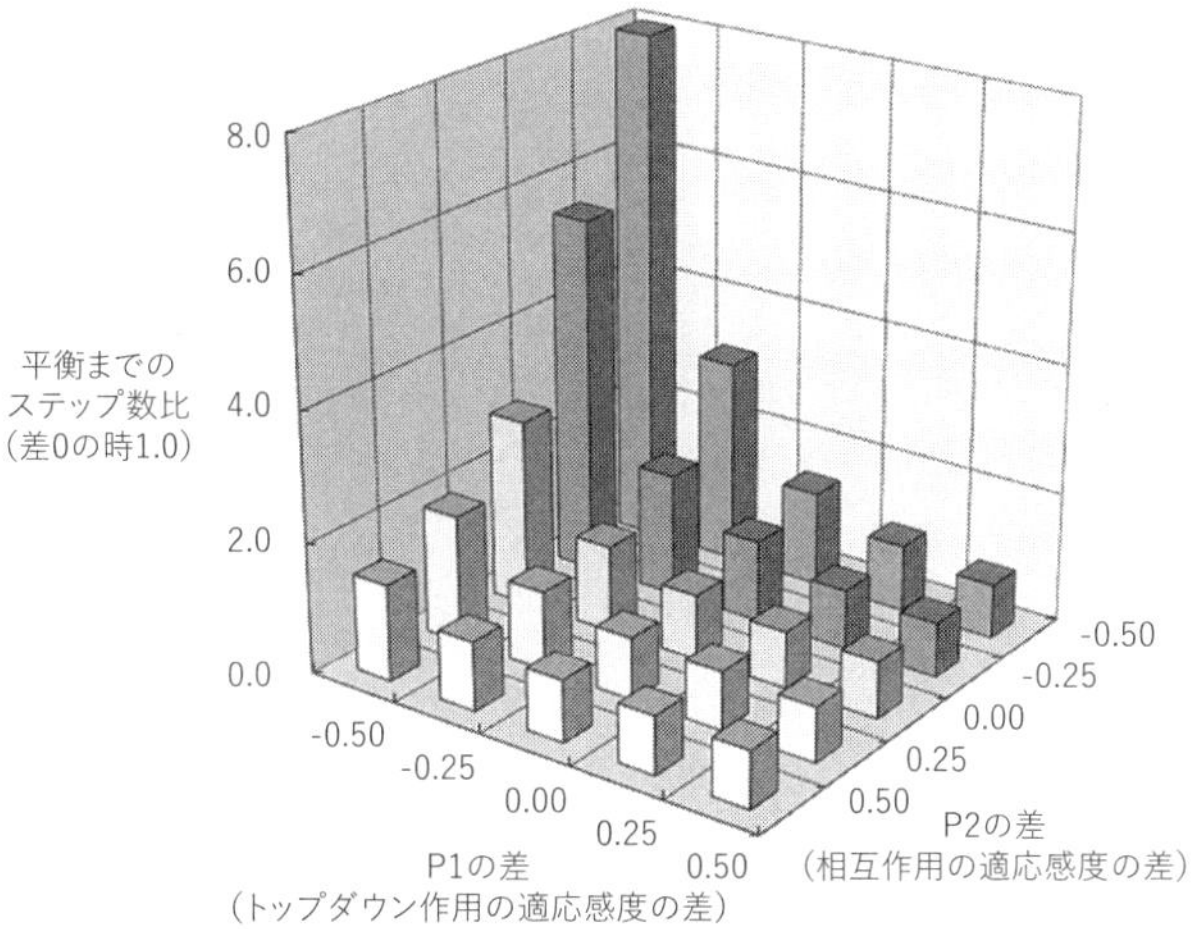


**図 6-11　適応感度の違いによる平衡までのステップ数**

示している。

図6－11はエージェントAとBが異なる適応感度を持つ場合、その差によって平衡までのステップ数（差がゼロのときを基準とするステップ数比）がどのように変わるかを示す。ここで、「P1の差」とは、一方のトップダウン作用の適応感度P1が0・5のときの、他方のP1との差を表す。同じように、「P2の差」は相互作用の適応感度の差を表す。この結果より、P1とP2がともに比較的大きい範囲（0・5以上）では、エージェント間の適応感度に差があっても、平衡までのステップ数にはあまり変化が見られない。しかし、P1またはP2が小さい範囲では、適応感度の差が大きくなるほど、平衡までのステップ数は急激に大きくなる。このように、各エージェントが持つ適応感度の範囲によって、平衡までのステップ数は大きな影響を受けることになる。

## 結果の考察

シミュレーションの結果、品質認知の理論的なメカニズムと、観測された事例データとの整合性が確認された。すなわち、単一の部門（事例ではQA部門）に関わる意思決定の効率は、品質認知の第二レベルに関連する。また、複数の部門（事例では、品質インシデントに関わる全部門）に関わる意思決定の効率は、品質認知の第三レベルに関連する。ただし、これらは、一事例の分析をベースにした一般化であり、今後、他の事例における実証研究によって検証されることが必要である。

アクセルロッドは、ABMの狙いは、種々の応用例に表れる基本的なプロセスについて理解を深めることであり、したがって、モデルはできる限り単純化し、KISSの原理（Keep it simple, and stupid!）を貫かなければならないとした。社会システムへのABM適用に関する分野で、多くの研究実績を上げている寺野隆雄は、社会現象をより深く理解するには、単純化の原理を逸脱することも必要であり、ABMでのシミュレーションには次の五つの要請があるとしている。[12]

第一は、現実と整合的な結果が得られること。ここでは、第三章での品質認知の理論に基づいてモデルを構築し、シミュレーションの結果は観測された事例データと整合性がある。第二は既存の理論では説明が困難な現象を示せること。このモデルでは、品質認知において初期停滞期が出現すること、また、それに関与する条件を示した。第三はシミュレーション結果に満足できること。ここでは、事例の実データに基づいてパラメータ設定を行い、結果は事例データとの整合性がよい。第四は結果の妥当性を評価出来ること。ここでは、条件を変えた多数のシミュレーションを行って分析し、その際の感度も確認した。他の事例での検証はこれからの課題である。そして、第五は既成の理論で説明困難な課題に対しても接近出来ること。このモデルは、品質認知を可視化して理解するための接近手段として、条件の異なる他の事例に対しても適用できる。たとえば、C社とは異なる条件下において、統合プロセスを事前検討するツールとして用いることもできる。

国民文化が大きく異なる国に本拠を置く企業間での統合に際しては、慣性力が大きいため、初期停滞期が長くなり、長期間にわたって、組織としての意思決定の効率が低くなるという問題が起こり得る。そうした場合、初期停滞期をより短くする方策に関して、ここでのシミュレーション結果は次のような示唆を与える。他の条件は所与であるとして、意思決定機会をできる限り多くし、かつ、広範囲の組織メンバーが参画するように図ること、また、品質の枠組の深い層に関わる明確なトップダウンのメッセージを、機会あるごとに発信することなどである。また、準備段階にある場合は、統合相手となる候補企業と自企業の条件をセットしてシミュレーションを行い、相手企業の適性を評価することもできるであろう。

## モデルの限界と課題

このモデルには前提条件としていくつかの制限がある。まず、エージェントがその文化特性を変える契機は、組織での意思決定機会への参画としている。また、組織メンバーが文化特性を変えるための作用は、トップダウンの作用、または、エージェント間の相互作用のどちらかが半々の確率で起こることを前提としている。また、相互作用の際は、意思決定グループにおける多勢な文化特性が作用するとした。

品質認知に関わるメカニズムは、本書とは異なる他の方法によっても、モデル化することが可能であろう。しかし、本モデルは、このような制限付きで単純化されたものであるにしても、その結果は、観測された事例データと整合性があり、現実的な妥当性が認められるといえよう。

本モデルについて、いくつかの拡張が考えられる。一つは、ここでは慣性力の閾値を層ごとに共通の固定値としたが、個々のエージェントごとに、勤続年数や職種などを考慮して設定することが考えられる。ほかの拡張としては、組織再社会化の過程で適応できずに途中で退社するエージェント、および、第三の文化特性を持つエージェントの新規加入を考慮したメカニズムを盛り込むことなどが考えられる。こうした拡張が、ここで示した結果にどの程度影響を与えるかは今後の課題として残っている。

# 第七章　スイスの文化とＭ＆Ａ事例

レシュティの溝（Röstigraben）は、スイスのドイツ語圏とフランス語圏を隔てる文化の違いを表す「愛称」である。

今、言語の違いは大した役割をなしてこないことに気づく。

国境を開き、住民の混在化が高まり、文化の多様化も進んだ。

この多様性が、かつての諸々《もろもろ》の差異を緩和してくれる

（Büchi 2003　片山 訳[1]）

# スイスＥＴＨＺへの留学

大学院で組織再社会化の研究を始めて三年になったとき、海外留学する機会を得た。目的の一つには、Ｍ＆Ａの事例を現地調査することが含まれる。シニア世代に足を踏み入れた身として、学内の留学プログラムに年齢の制限規定が無いことは確認していたが、若い留学希望者の機会を妨げないように、初回の募集時は見送り、欠員補充の機会を待つことにした。

できれば欧州と考えていたところ、都合よく、ＥＴＨＺの博士学生枠に空きがあり、これに応募することにした。ドイツ語圏のためか比較的希望が少なかったようだ。応募後に学内選考の要件となるドイツ語の試験を受けた。ドイツ語はその昔に第二外国語として習ったきりで、今更ながら「デル・デス・デム・デン」の付け焼刃となり、答案の出来に自信はなかったが、結果は意外にもパスした。ＥＴＨＺは英語講座が主なので、少し大目に見てくれたのかもしれない。

ＥＴＨＺは、ドイツ語 Eidgenössische Technische Hochschule Zürich の略称で、スイス連邦工科大学チューリッヒ校、またはチューリッヒ工科大学と呼ばれ、一般には単にＥＴＨ（エーテーハー）と呼称されることが多い。一八五五年創立の歴史ある大学で、スイス政府の直属機関として運営されている。これまで、レントゲンやアインシュタインをはじめ、二一名のノーベル賞者を輩出したことで知られ、世界大学ランキングでは例年、英、米の著名大学に伍して上位に入る。[2]

留学先は、社会科学分野のＭＴＥＣ（Management, Technology and Economics）部門で、博士課程のほとんどが社会人経験を持つフルタイム学生であった。スイス国外からの留学生が多く、博士課程では約七割に達し、ドイツからが多い。教官も半数がドイツ人で占められるが、筆者の指導教授は生粋のスイス人だった。

キャンパスは、チューリッヒ中央駅の近くから、ポリバーンと呼ばれるケーブルカーですぐの、市街中心部にあるＥＴＨセントラルと、チューリッヒ北西郊外の森に囲まれたヘンガーベルクにあるＥＴＨサイエンス・シティの二箇所で、その他に市内のあちこちに研究施設が点在していた。めざす研究室は、市街中心部から徒歩で七分ほどの、閑静な住宅街にある五階建てのビルで、そこに、教官、ポスドク、博士学生など合わせて三十名ほどが入っていた。学生以外は個室、学生は一部屋に二〜三名のオフィスで、各人がそれぞれビルと部屋の両方の鍵を持ち、いつでも自由に利用できる施設だった。共用の談話室には冷蔵庫、簡易キッチン、コーヒーメーカーなどが備えてあり、図書や大学関係資料、プリンター・コピー兼用機、シュレッダー、事務用品などが、必要に応じて使えるようになっていた。

私に充てられたオフィスは、十五畳ぐらいでやや広く、すでに二名の博士学生が使っており、いずれも社会人経験を持つ既婚のキャリア女性だった。普段はドイツ語を話し、それに加えて、英語、フランス語、イタリア語も操るようで、この辺りではさほど珍しくはないという。私が加わると、すぐに英語にスイッチして、何でもないように話すのには感心した。ゼミでも、英語圏の留学生が加わると、すべての会話がドイツ語から英語に切り替わる。教授の指示というより、習慣になっているようであった。

彼女らに、ゼミでの作法やチューリッヒでの生活情報など、教わることも多かったが、ETHZでの博士学位取得へのモチベーションを訊《たず》ねたところ、何と言っても、良い処遇での仕事（民間企業、スイスに限らずドイツなどで）が得られて活躍できるからだと言う。企業での博士の処遇事情は、日本とだいぶ異なるようである。

## スイス異文化考

国民文化の分析では、日本とスイスとの相違は、米国とのそれに比べると幾分小さいといえるが、米国での生活を経験したことがある筆者にとっても、新鮮な異文化発見が多くあった。社会システムや生活習慣などの面では、やはり戸惑うことが多い。

まず始めに手こずったのは、居住許可の取得であった。日本とスイスの間にはビザ免除の取り決めがあり、日本人はスイスへの入国に際してビザ取得は不要である。しかし、三ヶ月を越えて滞在する場合は、居住するカントン（州）に申請して居住許可を得なければならない。この審査は、当該州のいわば専権であり、東京のスイス大使館に出向いても、取次ぎをしてくれるだけで埒《らち》が明かない。留学先へ問い合わせると、スイス入国後に本人が申請すれば、留学生の身分ですぐ許可が得られる。しかし、同行する家内の扱いは、移民局に聞かないと分からない、という返事だった。

止む無く、チューリッヒ州移民局へ、家内を含めた二人の居住許可申請および関係書類を、電子化して送信した。その際、滞在中の生活費を持っている証として、預金残高証明も求められる。原本以外では受け付けないだろうと思いきや、意外にも受理され、担当官からドイツ語のレターで曰《いわ》く、家内には留学生扱いの居住許可は出せないので、一般審査をすることになる、三ヶ月以内ならば居住許可なしでも滞在できるので、家内の分は申請を取り下げてはどうか、また、本人の詳しい経歴とあわせて、なぜこの歳で留学するのか、留学を終えた後の身の振り方を詳しく説明せよと。居住期限が切れた後に、そのまま居座ることを防ぐためと思われるが、随分立ち入ったことまで訊いてくる。なぜこんなことまで、という気持ちを抑えて、早速、理由を縷々《るる》説明する手紙を書き、担当官宛てに送った。その後三週間ほど経って、大学から、居住許可確約証が、家内の分も含めて移民局から届いていると連絡があり、出発間際になって漸《ようや》く居住申請の通ったことが分かった。州移民局での居住許可判断は、担当官によって必ずしも同じではないとも聞いており、このときはたまたま運が良かったのかもしれない。

直接民主制のスイスでは、今も四半期ごとの国民投票で、主要な政治決定を行っていることはよく知られている。中央集権を嫌って、州の権限は、米国などに比べても広く、独自に自治・行政を行うスイス特有のシステムである。この他にも、たとえば、法人税は多くの国で国税がその大部分を占めるが、この国では国税の割合が少なく、多くの部分を州が独自に決定できるため、低法人税率の州（ルツェルン州など）では米国の三分の一程度となり、国外企業本社の集積地になっている。[4] 一九世紀半ばまで、各州は独自の軍や通貨を持った主権国家であったことからすると腑《ふ》に落ちる。

チューリッヒで住居を探すのは容易でない。特に家族で住むアパートなどを見つけるのは大変である。留学決定後に、大学からまず連絡してきたのは、大学のアパートは一杯なので、住居探しを早めに行うように、という注意喚起であった。大学関係者にのみ提供される住居斡旋サイトのほか、一般の住居検索サイトもいくつか紹介された。

早速探し始めたが、驚いたことには、物件の多くは、アパートであっても個人の又貸しであることだった。まず期間が合う物件がなかなか見つからない。入居開始時期が合っても、退去時期まで合うのは少ない。おおむね合致する何件かについて、次々に問い合わせた。しかし、相手の方から見に来てほしい日時が指定され、メールや電話で決めたいと申し出ると、会ったことも無い人には貸せないと断られた。斡旋業者を介すると、成約時点で一ヶ月分以上の高い仲介料を取られる。ほかに短期滞在向けのアパートメント・ホテルもあり、こちらの予約はネットで簡単にできるが、狭い部屋の割にかなり高い。

大学の留学受入れ担当に尋ねると、アパートメント・ホテルでは高過ぎる、又貸しアパートを自分で探せば、費用は六割程度で広い部屋が見つかるはず、と素っ気無い。結局、友人の伝《つて》で、チューリッヒ郊外に長年在住し、翻訳などを手掛ける横浜出身の片山女史に代理交渉をお願いし、三ヶ月近く掛けて漸く借りることが出来た。約八十平米の1LDKで、月額十五万円程度（食器から寝具まで家財一切が備え付け）と少々高めだが、環境は良く、市街中心部から二十五分ほどの便利なところだった。物価は高く（スイス人に言わせると、質が良いから当然だ、と反論される）、また、個人の自立指向が強いスイスでは、このように住居探しには手間が掛かる。

アパートで気になったのは、多くの場合、洗濯と乾燥が共同になることだった。地下に共有設備としてあり、住人が時間割を決めて共同で使うようになっている。くだんの大学担当者に訊くと、自分もドイツから来たときは違和感があったが、スイスではそれが普通ですよという。経済的な理由というより、騒音の問題とか、住民どうしの交流の場となるなどの理由かららしい。新しいアパートでは、さすがに戸別が多くなってきており、決めたアパートでは戸別にあった。

地下に核シェルターがあるのもスイスならではと言える。キューバ危機をきっかけに核シェルターの設置が義務付けられたが、二〇一二年に法改正され、公共のシェルターが確保できれば、戸別には必ずしも設置しなくてよくなった。住民当たりの普及率はほぼ一〇〇%とされる。イスラエルのスイスに匹敵する高普及率は別格として、米国、ロシア、英国などでの普及状況に比べると、日本ではほとんどゼロに近い。[5] 有事に対する危機意識の違いによるものだろうか。くだんのアパートにも地下シェルターがあったが、普段は戸別の物置に使われていた。

スイスは、アルプスの少女ハイジの里で、酪農と山岳観光を主とする永世中立国というイメージがある。九州と同じほどの国土に、人口は約八百万、一人あたりのGDPは日本の倍以上あり、世界トップレベルの競争力を持つ国との評価が高い。世界経済フォーラムによる国際競争力ランキング[6]で、スイスはこの十年間近くトップを維持し続けている。

その強さは何によるものか、さまざまに分析されているが、製品やサービスを高付加価値化させた「スイスメイド」法を始めとする産業政策も然ることながら、「住みたい国」作りのための、生活の質へのこだわりがある。人材コンサルティング会社マーサー[7]によれば、世界で生活の質がもっとも良い都市を評価する調査結果で、ベスト一〇のうちの三都市（チューリッヒ二位、ジュネーブ四位、バーゼル一〇位）をスイスが占めている[8]。

また、教育システムにもイノベーション力の本質があるとされる。九年間の義務教育を終えた後、高校入学時に職業訓練コース（専門高等学校または商業訓練校）と大学進学コース（普通高校）に分かれるが、七割が職業訓練コースに進む。それは、卒業時の就職が一〇〇%保証されるだけでなく、さらに大学と同等の高等職業訓練校に進む道もあり、将来的に進学コースと給与や処遇面での差がないことが高い魅力となっている。実際に、スイスでは大企業の幹部に、大学卒ではない職業訓練校卒の人材が数多く、経営幹部になるのに大学を出ているかどうかはまったく関係ないという。こうした職業訓練コースがスイス国民に高い職能を与え、国全体の生産力を高めているとされる[9]。

一方でスイスの影の部分の指摘もある。たとえば、第二次大戦時のユダヤ人入国拒否や、里親制度の名のもとに、一九八〇年ごろまで続いたロマの子供に対する強制収容など、人種に対する冷徹さがあるとされる。[10] 成人男子の皆兵制度は、訓練効果が高く、人材育成への貢献が大きいとされる反面、最初の兵役（一九歳ごろ）から予備役が終わる（三四歳）までの間、ずっと家庭で銃を所有するため、銃社会の懸念がある。ただ、スイスの場合は、国を守るためのものという意識が強いとされ、自己防衛を目的とする米国におけるような、銃撃事件の多発はないようだ。

また、これは影とは言えないが、次のようなジョークがある。「スイスの銀行家とは、天気の日に傘を貸し、雨が降り出すと傘を返せという人達である」[11]。金銭にまつわる厳格さを揶揄《やゆ》したものだが、実際に筆者は、スイスでの生活費に充てるため、ドル建てAMEXトラベラーズチェック（TC）を日本で作り、スイスに着いて居住許可証を入手後（これが無いと銀行口座の開設ができない）、USB本店で口座を開き、そこへTCを持ち込んだ。口座残高にはすぐ計上されたものの、信用チェックに要する期間を理由に、一ヶ月間はTC金額分のカード引き出しがブロックされた（銀行に本人が出向けば、その都度五万円相当までの現金化は出来たが・・・）。これがスイス銀行なのだ。

二〇〇二年、三度目の国民投票において、僅差《きんさ》で賛成が上回り、一九〇番目の国連加盟国となったが、EUとは当初より一線を画している豊かでしたたかな国スイス。戦後間も無く、「日本は東洋のスイスたれ[12]」と言われたことがあったと聞く。そのときの真意はともかくとして、今、小さくても強い国スイスに学ぶことが少なくないように思われる。

## スイスのM&A事情と調査事例

スイスでのM&Aによる企業統合事例は、年間約三百五十件[13]で、日本の十分の一の規模である。その内訳を見ると、スイスの企業が外国の企業を買収するケースが多く、スイス国内企業どうしに比べて約二倍になっているのが、日本とは大きく異なる。

買収対象となる企業の地域を見ると、西ヨーロッパ（スイス国内を含む）が約四分の三を占め、北米が約六分の一、アジアは七%と少ない。業種別では、産業機械や通信などに加えて、金融サービスや、製薬分野が目立つのが特徴である。

調査対象の候補として、二〇〇〇年代に外国企業と統合した事例のうち、組織文化の違いが際立つ事例を抽出する狙いから、対象企業がアジア地域である一〇例を抽出した。この中には、日本企業がスイス企業を買収した二例も含まれる。それらについて、ETHZのMBAクラスに在籍する学生リストと対比し、対象企業からの学生が居る場合は、その人を仲介役にして、インタビュー調査の受け入れをお願いするアプローチを取った。結局、今回は日本企業が関わった一社にインタビュー調査を行うことができた。

業種は製薬であり、日本の製薬企業D社が、スイスの製薬企業E社を買収した事例（金額約百二十億円）を調査対象とした。日本のD社は、二〇〇四年にスイスE社が持つ医薬品の一つを、日本市場で独占的に開発、製造、ならびに販売するライセンス契約を結んだ。その後、二〇〇九年にE社を買収することで、同社の持つすべての医薬品、および、日本以外での販売権を得ようとするものである。

買収当時における両社の事業規模は、売上、人員ともに、買収側D社が被買収側E社の約十倍であった。E社は元々、一九五〇年代に英国でファミリー企業として興《おこ》され、一九八〇年代後半に、製薬を主とするライフサイエンス産業の主要な拠点であるスイスのバーゼル近郊に移転し、自社開発の医薬品を、世界市場へ展開することを課題としていた。

一方、D社は、それまでの日本市場中心から、本格的な海外展開を図るため、かねてより提携関係にあったE社を子会社化し、海外売上比率を上げると同時に、シナジー効果によって国際的新薬の開発を目指すのが狙いであったとされる。

## スイス事例の調査結果

インタビュー調査は、M＆A契約が発効した二〇〇九年九月から一年ほどを経過した翌年の一一月に、E社の本社に出向いて行った。

そこはチューリッヒから電車で約一時間の、バーゼルに近いライン川沿いの長閑《のどか》なところだった。調査対象者は、ドイツ出身で、ある製薬会社に一一年勤務後、買収前のE社へ入社した社歴二年の研究開発部門ヘッド、H女史と、ドイツ出身で社歴二〇年の執行役員会議メンバーでもあるCSO（Chief Scientific Officer）のJ氏、そして日本D社から一年前に取締役として派遣されたT氏の合わせて三名である。

E社は約百五十名の規模で、D社からの派遣は、T氏以外はわずかであり、統合経過や組織文化に関する質問は、主にH女史とJ氏に対して個別に一時間ずつ行い、最後にT氏と面談して総括的な質問をする形を取った。

統合プロセスは契約発効直後から始まり、まずD社のトップがE社に来て全従業員に趣旨を説明、すぐにPMI委員会が設置され、七つのタスクフォースが始められた。それらは、現行医薬品の生産計画最適化、ライフサイクル管理、アジア市場展開、D社医薬品のE社による欧州展開、今後の開発計画などに関するものであり、調査時点でも継続中であった。E社のマネジメント層に変更はなく、D社からは取締役一名が加わった。

前の会社に在籍中、ドイツの十万人規模の大企業に買収された経験を持つH女史によれば、今回の買収はその時とはまったく異なるという。前社のときは、買収後すべてが買収企業側のやり方に変わったが、今回は買収・統合されたという感じはあまりせず、緩い関係になっている。これは、D社がライセンス契約を通じて、E社に対し信頼関係を築いていたこと、そして、欧州でのやり方はE社の方がよく分かっているから任せる、というD社の方針によるもので、われわれにとっては非常に良いことだと述べた。

J氏の見解も同様で、D社の方針はE社に独立した運営をさせることであり、われわれもそうしている。また、統合後に大きく変わったことは、これまで非上場のE社が、上場企業であるD社の子会社として求められる要件を満たすための変更が主であったという。

組織文化については、両名ともD社とE社とはまったく異なっていると述べた。D社は階級型組織で規則正しい（保守的でもある）のに対し、E社はフラットで堅苦しさはまったくない。たとえば、執行役員会議でもノーネクタイで行われる。また、D社では意思決定に際し、全員の合意による組織的一致が重視されるが、E社では担当者への権限移譲が大きく、組織的一致はあまり重要ではないとも述べた。

一方、日本文化を学ぶ取り組みは、全従業員に対して組織的に行われており、毎週一・五時間、9ヶ月間のプログラムで、今後も新人向けに繰り返し行うとしている。執行役員向けには、日本語学習プログラムも開かれている。

組織文化を統合することについては、両名とも、違いを理解し認めた上で、それぞれ別であってよいとし、J氏は「われわれは欧州の会社であり、日本の会社ではない。同じ文化になることは決してない」と述べた。品質に関する考え方（品質の枠組）については、例え第一、二層が違っていても、基礎前提となる第三層は、D社とE社で変わることはなく同じである、と二人とも異口同音に述べた。

文化の変容について、トップダウンとメンバー間の相互作用のどちらの影響が大きいかについても質問したが、J氏は、E社では今後も外国から来る人が多く、7対3で相互作用が大きいとしたのに対し、H女史は逆に7対3でトップダウンが大きくなるだろう（D社の影響を受ける）と違う答えであった。

最後に面談した日本から派遣のT氏は、次のように語った。「E社とはライセンス契約以降関わってきて、信頼感を持っており、突然一緒になったのではない点が大きい。またD社としては、初めての国際的なM&Aであり、言葉、習慣、業務のやり方など、あらゆるものが違う中で、何としても団結してうまくやりたいという思いが強い。他方、E社はファミリー企業として培われた纏《まと》まりの良さに加え、上位職の人ほど、統合を機に自分たち自身で変わりたいという気持ちが強く、積極的な提案をしてくるので、それを後押しするように進めた」。

組織文化は、E社のスタイルはカジュアルであり、D社とは異なるが、強引に合わせるのではなく、彼らの自主性を尊重するようにしていると述べた。日本からの駐在者を増やそうにも、この州では居住許可や就労許可を取るのが非常に厄介で、思うに任せない状況だという。買収・統合後でも、信頼に基づくE社の自律的運営を重視する姿勢が窺《うかが》えた。

## スイス事例のその後

D社の決算報告によれば、M&Aを行った年度の自己資本利益率（ROE）3・6から翌年は

6・5、その翌年度は9・8と上昇し、同業界での上場会社平均を上回っている。またE社単独での売上高は、買収の前年を一〇〇として、買収された年は一二四、翌年は一五三と伸びており、その後は単独での公表はされないが、決算報告にE社の業績への貢献が大きいとの記載があり、順調に業績を伸ばしていると思われる。したがって、企業成果としての財務指標を見る限り、この事例は期待値を達成している方に入るであろう。

M&Aに関する近年の研究では、人間的側面に焦点を当て、統合プロセスの過程で、被買収側のメンバーの信頼醸成が、買収側のマネジメントによってどのように確立されるかに注目する[14]ようになっている。この事例は信頼に基づいた自律的運営が奏功した例といえよう。

# 第八章　組織再社会化の課題と提言

結果から根拠を探そうとするのではなく、

事前的なものの必然性を調べるのが研究である

（藤村 二〇〇九[1]）

これまでの検討結果を踏まえた示唆と、今後の組織再社会化に向けた課題や提言について、ここに纏《まと》めて示したい。

## 企業成果の指標としての品質

本書では、組織再社会化の過程が企業成果にどのように影響を及ぼすかを見るため、評価指標として品質を用いている。品質は、製品やサービスの特性が顧客の要求を満たす程度とされることから、その評価基準を事前的に、かつ定量的に定めることは難しい。なぜなら、顧客の要求や期待は、同じレベルでとどまっていることはなく、市場の状況や競合製品の動向などによっても変わるため、あらかじめ自律的に決めるには限界がある。また、これまでに多くの日本企業は、技術開発や継続的な改善などにより、トレードオフの限界を拡げることで、品質を上げつつコストを下げることを実現してきたが、品質とコストは基本的にトレードオフの関係とする固定観念に影響されてか、品質を企業成果の代表的指標として扱うことに躊躇《ちゅうちょ》する向きもあったように思われる。こうした理由から、品質に着目して分析するような報告例が少ないのかもしれない。本書はこうした従来のアプローチに対する一つの挑戦でもある。

品質に関わる調査・研究上の制約は、品質を把握し分析することが、一般に公開資料のみでは難しい点である。しかし、事業形態が企業間取引を主とする場合、顧客の評定する品質を絶えず正確に把握することに難しさはなく、むしろ、第四章で述べたＱＢＲの例のように、ビジネス関係を維持する上で、品質が主要な管理指標となっている。また、一般消費者を対象とする場合は、モニター調査を定期的に行うことなどで、顧客視点での品質を確実に把握することができる。したがって、調査対象企業からの理解と協力を得られる前提で、品質を企業成果の指標として分析することは、実際的であり有効であるといえよう。今後、他の多くの事例について、品質データの収集、および調査・分析を行うことによって、企業成果の指標としての品質について、さらに汎用的な知見が示されることを期待したい。

今回、顧客の評定による品質に着目して分析した結果、意外な発見があった。一つは、品質インシデントの発生が、顧客での評価に際し、必ずしもネガティブな影響のみを及ぼすものではないことが示されたこと。さらには、海外の大きな需要先顧客での品質評定において、品質データよりも、顧客の知覚による評価の方が、より重視されていたという事実である。つまり、サプライヤの協力姿勢や貢献の程度を顧客自身が知覚することが、品質データにも増して重視される例があることを示している。つまり、顧客の評定する品質は、明示的な品質データによってのみ定まるものではなく、顧客の主観的な知覚も大きな影響を及ぼすことを示す証左でもある。こうしたことは、当該製品や顧客企業の特有性、ないしは、業界事情などに依る可能性もあり、注意深く解釈されなければならないが、品質の捉え方を考える上で示唆を与えると思われる。

本書では、品質認知のレベルがどのように企業成果に関連するかを、主にサプライヤ企業内のデータやプロセスを分析することで考察した。しかしながら、品質は顧客との関係によって定まるもので、品質の枠組もまたサプライヤ企業単独ではなく、顧客との関わりの中で、共有して作られたり、変わったりするものといえよう。このことは、本書で取り上げた顧客の品質評価基準などからも示唆される。したがって、サプライヤと顧客との間の相互作用という視点から品質認知を捉え、顧客企業での分析も合わせて行うアプローチをとることが次の課題として残っている。

## 品質認知のレベルをモニターする

本書での事例データの分析によって、組織再編の過程において、組織メンバーの品質認知のレベルと、顧客による品質評価結果とは関連していることが明らかになった。したがって、マネジメントにとって、品質認知のレベルを把握することは、組織再編に伴うプロセスを統御する上で必要なだけではなく、企業成果を達成する上でも重要なことである。

しかし、品質認知のレベルは、その性質上、直接観測することはできず、可視化することは困難である。たとえば、組織メンバーへ質問紙調査を行う方法では、ある時点での状況を調べるには有効としても、定期的にモニターするには調査の負荷が大きく、また、その精度に対する懸念もあり、現実的とは言えない。

これまでの検討を踏まえ、品質認知のレベルを間接的に測る方法として、通常行われる社内での品質データの計測管理に加えて、顧客による品質評価に注視することを勧めたい。これが品質認知のレベルを知るための代理指標になり得るからである。たとえば、社内品質データには変化がないのに、顧客の評価が低下傾向にあるとすれば、品質の枠組に社内的な不整合が生じている可能性も考えられる。したがって、組織再編におけるマネジメントは、客観的な品質評価状況を定期的にモニターできるメカニズム、たとえばQBRのような顧客レビューの機会や、一般消費者に対する品質評価にフォーカスしたモニター調査などにより、品質認知のレベルを間接的にモニターするための何らかの手段を持つことが求められよう。

## 意思決定の効率は品質認知のレベルと相関する

デニソンによる整合性仮説[2]では、企業の組織メンバーが高度な規範的統合、価値観の共有、そして共通の視座を持つ場合、つまり、品質認知の第三レベルに達している場合は、その組織での意思決定のプロセスが速くなるとした。ここでは、事例データの分析などに基づいて、この整合性仮説をより具体化して示したい。すなわち、品質認知の達成レベルと、組織の意思決定の効率との関係を、構造化して示すことである。

それは、品質認知の第二レベルへの達成程度は、単一の部門に関わる意思決定の効率と関連し、

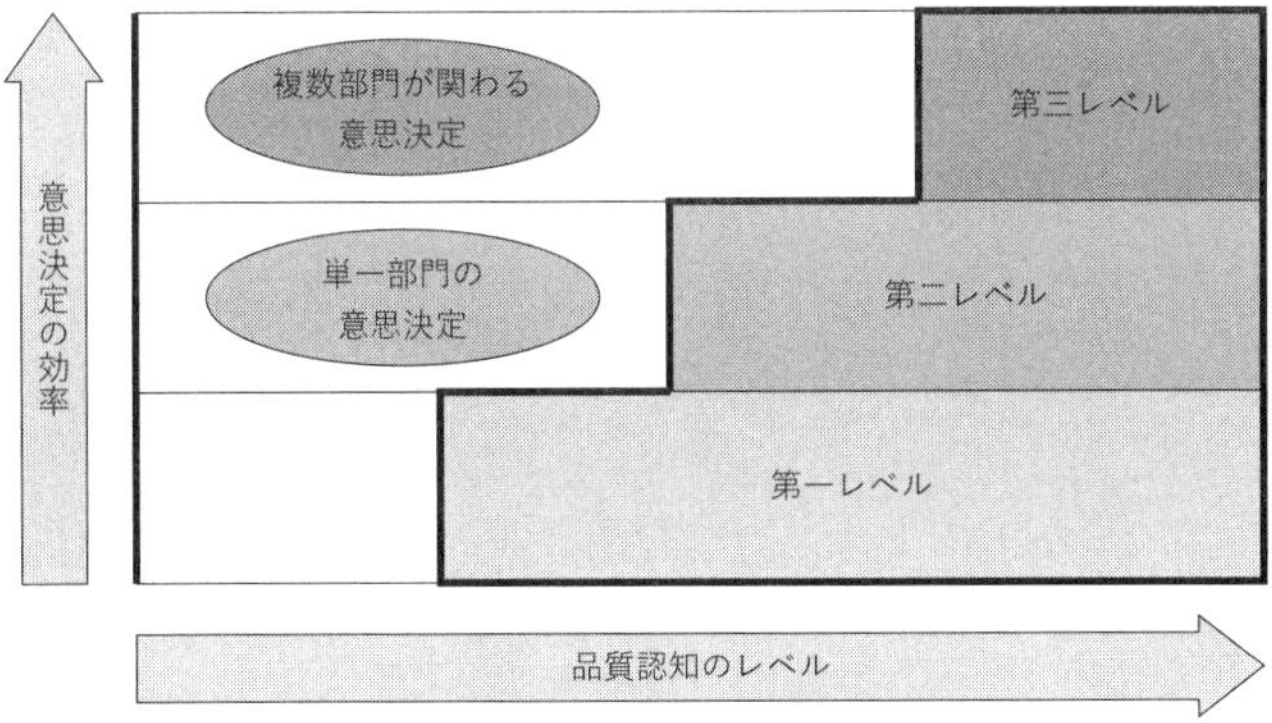


図 8-1　品質認知のレベルと意思決定の効率

さらに、第三レベルまでの達成程度は、複数の部門に関わる意思決定の効率と関連することである。つまり、意思決定に関わる部門数が多くなるほど、より深いレベルまで品質認知の達成が求められる。図8－1はこの関係を図で示している。これらは、当たり前のことのように思われるが、メカニズムと事例データを合わせて実証的に示すことは、この分野の理論的な基盤を確立する上で意義があるといえよう。本書では、組織メンバーが共有すべき品質の枠組を、その可視性の高い方から順に第一層から第三層まで定義した上で、品質認知のレベルを第一から最終段階の第三レベルまでに分け、意思決定の効率との関係を分析した。意思決定プロセスについても、単一部門と、複数部門に分けて分析を行った。さらに、品質認知のモデル化によるシミュレーションを行い、理論的メカニズムと事例データとの整合性を示した。以上の結果を踏まえて、品質認知のレベルと意思決定の効率との関係を、このように示すものである。

ただし、品質の枠組の三層構造は、事例データの分析やインタビューなどから、その存在は確かめられたが、質問紙調査によって明確に同定されたわけではない。これらは一事例の分析を基に、モデル化によって一般化した知見であり、今後更なる研究や、他の事例などによって検証されることが必要である。また、これらは品質認知の達成レベルが意思決定の効率を決定づけるとの因果関係を示すものではなく、品質認知のレベルと意思決定の効率とが相関していることを示すものである。

## プラスとプラスが足されても結果はマイナス

これまでの多くの研究で、対象企業間の組織文化の相違が、統合後のシナジー効果を妨げる原因になることが指摘されてきた。しかしながら、統合後、どのような業務プロセスにおいて相違が顕在化し、どのようにして企業成果に影響するのかについては、ほとんど触れられてこなかった。ここでは、品質インシデントの解決に要する期間の長期化が、顧客による品質評価の低下を招くこと、また、品質認知のレベルが、品質インシデントの解決に要する期間と関連することを、実データの分析によって示した。

これらから言えることは、組織再編後における組織文化の社内不整合が、企業成果としての品質を低下させてしまうことである。このことは、統合前に、それぞれの組織文化が、その企業の成果にプラスの影響を与えていたとしても、現にこの事例で示されたように、それら二つの企業が統合されて一つになった結果、内部的な不整合が起こると、それが顧客による品質評価の低下、つまり、企業成果の低下に繋《つな》がることである。このようにプラスとプラスが足されても、結果はマイナスになるという点は、これまで明示的には論じられてきていない。

また、クロージング日数が、品質認知のレベルと関連することから、品質認知のレベルが進むこと、すなわち、組織再社会化が進むことが、顧客による品質評価にプラスの影響を与え、企業成果が上がることを示している。このことは、製品やサービスを提供する企業にとって、組織文化を全社内で整合させることが、企業成果の確保に重要な要件であることを示すものといえる。すなわち、統合プロセスにおけるマネジメントの課題は、組織再社会化を進めて組織文化を同化する施策をいかに実行するかということになる。

日本の経営者層および海外の経営者の数名に、個別に、M&A後の組織文化の同化に要する期間を訊《たず》ねたことがある。同化という状態をどう捉えるかは、回答者の主観的な判断によるため、同列に比較することは難しいが、それらの回答は、海外（米国、欧州）の経営者が、押しなべて、長くても一年としたのに対し、日本の経営者層は、三年ぐらいは掛かるだろうというのが大方で、彼我の違いが印象的であった。組織文化に対する経営姿勢の違いが反映しているとも考えられるが、本来、一年未満が求められるべきところ、実際には三年程度を覚悟する必要がある、と解釈すべきなのかもしれない。

## シミュレーションと事例との整合性

第六章では、組織再社会化における品質認知について、エージェント・ベース・モデル（ABM）による新たなモデルを作り、シミュレーションを行った。モデル化は、品質認知をできる限り単純化して、組織での意思決定機会への参画が品質認知を促す機会であるとし、品質認知を進める作用は、トップダウンの作用、および、組織メンバー間の相互作用の組み合わせによるとした。事例企業C社の条件を入れてシミュレーションした結果は、観測された事例データと整合性があることが示された。

すなわち、品質認知が第二レベルまで達する推移を示すシミュレーション結果と、単一部門（QA）での意思決定の効率の推移を示す事例データとは整合性があり、また、同じ条件下において、品質認知が第三レベルまで達する推移を示すシミュレーション結果と、多数部門に関わる意思決定の効率の推移を示す事例データとは整合性があることが認められた。

さらに、シミュレーションの結果により、品質認知は、組織メンバー間の文化類似度が、単調に上昇する経過を辿って達成されるのではなく、初期停滞期があること、すなわち、初期には、むしろ文化類似度が低下する期間があり、その後上昇に転じて平衡に向かうことが示された。これは、事例企業での多数部門に関わる意思決定の効率が、統合初年度において悪化し、それが初期停滞期とみられることと符合する。

このように、ここでのモデル・シミュレーションは、品質認知に関する理論と、観測された事例データとの間のギャップを、論理的に繋ぐものであり、モデルの妥当性が本事例データによって支持されたといえよう。

ＡＢＭでは、エージェントの多彩な設定や、確率的動作を含むさまざまなパラメータの組み込みが出来るなど、柔軟なモデル設計が可能であることから、フィルハイトらは、ＡＢＭの設計自由度は、ほとんどいかなるデータ配列にも適合するようなモデルを作れるものだとし、したがって、明確に定式化されていない事実と、シミュレーション結果とを比較することで、そのモデルの妥当性を確認することは難しいとしている。[3] 本シミュレーションについても、同じような指摘があるかもしれない。Ｃ社における意思決定の効率を示すデータは、実際の品質インシデントを分析して得られた実データであり曖昧性はない。しかし、このモデルを他の事例に適用して、シミュレーション結果とその事例データとを比較し、更なる検証を行うことは今後の課題である。

## 組織再編のマネジメントへ

Ｍ＆Ａはその多くが統合プロセスで失敗している、としたこれまでの多くの研究結果を踏まえ、本書では事例の分析やモデル・シミュレーションなどを通じて、そのメカニズムの解明を試みた。

その結果を要約すると、組織再社会化の過程で、組織文化の企業内での不整合が生じ、それが固定化すると企業成果にネガティブな影響を及ぼし、シナジー効果を阻害することである。実際に組織文化の内部的な不整合が起こるかどうかは、対象企業の組織文化を事前調査することにより、ある程度予測可能であり、避けられる可能性がある。

たとえば、第六章で示したようなシミュレーションを活用して予測する方法もある。いくつかのパラメータを事前に把握できれば、精緻《せいち》にしなくとも大略の予測ができるであろう。まだデュー・デリジェンスのフェーズ以前としたら、契約を再検討する選択肢もあるかもしれない。企業統合へ進むことがすでに決定している場合には、マネジメントはまずＰＭＩフェーズにおいて、組織構造や業務プロセスの統合と同等以上の優先度をもって、組織再社会化の促進プロジェクトを進めることが求められよう。広範囲の組織メンバーが参画する意思決定機会を、より多く設定するように努めることも必要である。また、機会あるごとに、統合すべき組織文化の深い層、無意識的な信念などに関わる明確なメッセージを発信し、それとともに関連するパフォーマンスを示して組織メンバーの共感を促す必要がある。

これらとは別に、組織の再構築や、部門単位の役割および責任を、大幅に見直すことも必要となるかもしれない。たとえば、組織文化の相違が大きく、組織再社会化にかなり長期間を要する可能性が高いと判断されるような場合、マネジメントは次のようなオプションを持ち得るであろう。

一つは、組織をそれぞれ独立した縦割りの部門に分割して、各部門の自己完結度を上げ、そこでの意思決定が、他部門からの影響を受け難いような組織構造にすることである。こうすることにより、統合後の新組織において、新たな組織文化の構築を目指すような場合でも、長期間にわたって意思決定の効率が低迷するようなスランプを避けることができる。

もう一つは、すでに組織社会化を達成している組織を、そのまま維持して、一つの独立したビジネス・ユニットとして自律的な運営にすることである。第七章で示したスイスの事例は、相互の信頼をベースにしたこの例にあたるといえよう。

組織再編のマネジメントは、さまざまな制約条件などから、こうした組織再社会化に重心を置くことが難しい場合があるかもしれないが、新組織における人間的側面への対応が、企業成果に重大な影響を及ぼすことをあらためて認識すべきであろう。本書での議論を契機として、今後、この分野に関する研究が鼓舞されることにより、組織再編に際して事前的に適用し得るマネジメントの戦略について、さらに確度の高い示唆を与えることができるようになることを期待したい。

## ポストコロナ時代の展望

新型コロナ感染症のパンデミックは、社会のあり方に大きな影響を与えつつある。歴史を振り返ってみても、中世ヨーロッパにおけるペスト（黒死病）の度重なる大流行は、それまでのカトリック教会の権威を失わせ、ルネサンスや主権国家が形成される近代化を促した。また、二〇世紀前半のスペイン風邪は、第一次世界大戦の趨勢に大きく影響するとともに、国際的な保健協力を進める契機となり、新たな世界秩序の構築につながったとされる[4]。このように、世界史はパンデミックが大きなパラダイムシフト（規範の転換）を起こしてきたことを示唆している。

ポストコロナ時代はどうであろうか。すでに多くの識者やアナリストから、グローバルな視点での経済活動に対する予測や提言が出されており、ここでは組織再編やM&Aに焦点を絞って展望することにしたい。第一章の図1-1で示したように、二〇二〇年はM&A件数でリーマンショック以来の前年割れとなり、今後も数年は減少ないし低迷するように思われがちであるが、まさにパラダイムが変わりつつあり、再び活発化に転ずる可能性が高いとされる。それはコロナ禍に伴う消費構造の変化や、働き方の多様化などによるもので、産業構造が急速に変化することを捉えて、レジリエンス（回復力）のある経営革新が求められており、組織再編やM&Aは、その戦略的重要性が以前にも増して高まっているからである。ポストコロナ時代は、こうした経営環境に加えて、国内市場の先細りや円高為替の長期継続などを背景にして、日本企業による国際的M&Aがさらに多くなるであろう。

組織再編・M&Aの理論的な基盤の確立には、DDやPMI（統合プロセス）を中心として、いまだ多く課題があるにも拘《かかわ》らず、日本企業が関わる事例の研究は、欧米での多さに比べると、その数は際立って少ないのが現状である。今後、この分野の課題として次のことを挙げたい。

第一には、再編や統合の準備段階、および初期のプロセス、すなわち、DDやPMIなどに関して、より多くの事例での分析による解明を行う必要性である。特に、財務的指標では表れない無形資産、たとえば、人材の価値や組織文化の態様などを、早い段階でどのように把握し、対処するかを分析することが重要である。これらは、その複雑さに加えて、統合プロセス全般と、その成否に重大な影響を及ぼすにも拘らず、おそらくは情報開示の難しさゆえに、これまでの事例報告はごく限られてきた。それぞれの事例を、個別の特異例として閉じ込めることなく、オープンにして分析し、そこから得られる含意は、この分野の理論的な基盤の確立と、今後の組織再編・M&Aの検討に大きな貢献を果たすものとなるはずである。

次には、日本企業が関わるM&A事例について、失敗例や成功例を含めた、事例の解明と実証分析を行うことである。特に、失敗とされるようなシビアな事例の分析結果は、今後の統合企業のマネジメントに、貴重な示唆を与えることになるであろう。そこでは、日本企業が関わるがゆえの経済的、政治的、そして社会システムに関わる文化的な影響が、統合プロセスや組織運営のさまざまな局面に投影されることにより、これまでの欧米における数多くの事例分析とは異なる課題や方策が見えてくるはずである。

今後の検討対象は、やはり国際的企業統合の事例を焦点としたい。なぜなら、それらの統合プロセスの態様は、本書の事例と対比して分析することが可能であり、また、モデル・シミュレーションでは、それらの事例に合わせた条件下でのシミュレーションを行って、ここでの結果と比較・検討することができる。それらは、組織再編の異なる状況下において、組織内の文化的不整合がもたらすインパクトについて、更なる理解を可能にするであろう。本書での知見をベースにして今後考究が進み、組織再社会化に関する前提とその結果に関し、より汎用的な理論を展開することが可能になることが望まれる。

新型コロナのパンデミックは、我々のこれまでの生活様式に大きな制限を強いることとなった。その代表例が、感染予防のために人と人の間の距離を確保する「ソーシャル・ディスタンス（社会的距離）」である。対人間の距離を取るという英語表現としては「social distancing」が正しいとされるが、言い易さゆえからか、日本の多くのメディアがこのように呼んでなかば定着している。ＷＨＯ（世界保健機構）は、「social distancing（感染症予防に特化した用語で、対人間の物理的な距離を保つこと）」は、「social distance（社会学の用語で、社会的な身分や人種・民族などによる他との心理的な距離感）」とは異なるので混同しないように、としたうえで、今後は紛らわしさをなくすため、「physical distancing」という言葉を代わりに用いるよう推奨している。[5] これに沿って、広報誌などでの表現を「フィジカル・ディスタンス」に変えた自治体なども見受けられる。

本書のテーマである「文化の壁」は、まさに社会学の「ソーシャル・ディスタンス」に深く関わる課題の一つであり、感染予防のキーワードとして連日のようにこれが連呼されることに違和感を持つ人は、少なくないと思われる。再社会化とは、社会的距離を空けるのではなく、逆に、より近づけるプロセスと言うことが出来よう。ポストコロナ時代に、たとえ「物理的距離」はこれまでより大きくなったとしても、「社会的距離」は拡がらないようにしたいものである。

# エピローグ

現在、小田原の近郊に住む筆者は、自宅近くの酒匂川や狩川の土手を散策し、四季の移ろいを感じながら、あれこれと考えを巡らすことを楽しみの一つとしている。

川沿いの所々には霞提《かすみてい》があり、土手の道はそこでいったん途切れ、田んぼ道への迂回を余儀なくされる。だが、春には色鮮やかなスカンポの群生や早苗田の水鏡などが、また、秋には一面の葛の花や稲穂の波、そして畔《あぜ》を真っ赤に染める彼岸花などが、それぞれに楽しませてくれる。

信玄堤とも呼ばれるこうした不連続な堤は、甲斐の武田信玄がはじめた治水策とされる。[1] 土手を強く高くして、力ずくで洪水に立ち向かうのではなく、あらかじめ堤を切断し、遊水地を作って水位を調整し、水が引いた後は上流から運ばれた肥沃《ひよく》な土砂を客土として耕作に利用する。日本の急流河川にとって、まさに逆転の発想による画期的な治水策だった。明治以降の近代治水工法では、専ら、堤防の増強、河道の拡幅、放水路や捷水路などにより、流域に降った水を越流や決壊が起きないよう海までいかに早く流し、河川を氾濫させないかを主眼としてきたが、近年になって、流域全体で水を受け止めて減災しようとする「流域治水」への転換が図られつつあり、自然環境や景観の維持も考慮し、特徴に見合った土地利用と連動させるような、昔ながらの治水策の良さも見直されつつあるようだ。

組織再社会化の課題も、一本道での解決は難しい。遊水地を設けるような発想の転換が必要かもしれない。第八章で組織再編に際するマネジメントへの提言を述べたが、大学院で技術経営を講ずる恩師によれば、「経営学を年代区分に例えれば、まだカンブリア紀[2]以前であり、ユニバーサルな理論は望むべくもない。数多くの成功や失敗の事例から導き出された一般解に近いものがあったとしても、自社に適用するには、外部環境を含めた特有の制約条件があるはずで、一般解と特殊解とを繋《つな》ぐための境界条件を入れて、自社に当て嵌《は》めることができなければ役に立たない。したがって、経営者は、借り物ではない自らの経営理論を持つべきだ」[3]とされる。マネジメントは、経営課題と向き合い、たとえ試行錯誤を伴うとしても、自ら考え、独自の理論を磨いていくことが求められよう。

　サンノゼ赴任のため、かの人が妻と連れ立ってサンフランシスコに降り立ったのは、二〇〇二年の暮れだった。サンノゼ・サイトは年末年始にかけて休業中だったが、近くを走るフリーウェイ85は買い物などでよく利用した。年が明けた一月一日の早朝、たまたま通り掛かったとき、それまでの大きなＩＢＭのサインが、一夜にして日本メーカーに入れ替わっていたのは衝撃的だった。しかし、それは前からずっとそうだったようにも思えたのだった。

　サンノゼでの生活は、業務の繁忙さは別として、現地への適応という点では楽なものだった。アナハイム以降も米国での経験を持つ彼にとって、カルチャーショックはもうなかった。新会社の一部門を担う彼の相方（second in command：副官と呼ばれた）となったのは、インド生まれの、カルテック[4]で化学（博士）を修めた社歴二〇年のベテラン・マネジャーだった。独特の巻き舌と強いアクセントの英語には、慣れるまで大分苦労することになったが、気さくな人柄で人当たりもよく、相方には恵まれたといえよう。

サンノゼ・サイトでの部下は、日本から同行した若手エンジニア一名の他は、皆現地のアメリカ人であり、そこでもっとも意を用いたのは、コミュニケーション・デザインだった。これは「何のために、誰にどうなってほしいか、誰と一緒にどうなりたいかを計画し、そのための方法を実践し、問題の全体を人との相互作用によって管理可能なものにする」と定義されている。[5]

業務中にできる限り多くの時間を共有したくても、出張や会議で副官の帯同はしないのが通常であり、普段からの意思統一と合意形成が試される。早く親しくなり、気心の知れた関係となって、意思の疎通を図ることがまず第一だった。

相方とは隣合せのオフィスとし、同じ秘書をシェアした。昼食はいつも構内のカフェテリアで一緒にとり、その後は決まって、池の周りからプルーンの林を抜ける小道を歩きながら、二、三十分話すのが日課だった。週末には、ほぼ隔週の頻度で、サンノゼ近傍の自然路を巡る散策行を約束し、アルマデン湖沿いのウォーキング・パスや、鉱山跡のマインヒル・トレイル[6]などを歩きながら、ビジネスのトピックから私的なことまで、多くのことを話し合った。また、感謝祭やクリスマスには家族ぐるみの付き合いを持った。相方の方も、新体制に適応すべく同じような考えから、私的交流にも積極的だった。こうして短期間のうちに、何でも話し合えるような関係を築けたことは、お互いに幸いであった。

職場の主要メンバーとは、自宅アパートで夕食会を目論み、個人的な交流に努めた。一回一組に限って同伴で招き、「しゃぶしゃぶ」を定番とした。これは、米国駐在経験の豊富な友人より直々に伝授されたもので、上質の薄切り肉がリーズナブルに調達でき、野菜などを切り揃えるだけで調理には手間が掛からない。数マイル圏内の日本食スーパーでは、白菜や春菊に加えて、ぽん酢や胡麻ダレのほかに紅葉卸《もみじおろ》しまで揃い、卓上コンロや専用鍋はダイニングの常備品としていた。他のメンバーから自分の番はいつかと促されるほどで、受けも上々だった。一緒に鍋を囲むことで、親近感が一段と増す効果もある。こうしたことも奏功して職場の一体感が醸成され、チームワークが進んだことは、組織再社会化の進展に少なからぬ効果があったであろう。

再社会化の課題は企業組織などに限ったことではなく、われわれの身近な状況にも通じる。地域コミュニティや、家族、そして、夫婦間においても同じような課題がある。新たなメンバーやパートナーと社会文化的な一体化を図るには、個々人の文化の壁によるさまざまな困難を伴うことが多い。再社会化の道がポジティブなシナジー効果に繋がることを、実データによって分析した本書での議論から、何らかの示唆が得られるとしたら幸いである。

「人間は社会的動物である」[7]とは、古代ギリシャの哲学者、アリストテレスの言説に由来しているが、人間は単に社会を構成するというより、「よく生きるための共同体を作るのが人間の本性なり」と読むらしい。再社会化の課題は人間らしく生きるための課題ともいえよう。

サンノゼの新会社はその後どうなったか、知りたいと思う向きもあるかもしれない。設立後の業績は、初年度に大きな赤字を出し、以後五年間は業績が低迷して赤字が続いた。六年目の二〇〇八年に漸《ようや》く黒字に転換し、その後は順調に黒字計上するようになって、二〇一〇年にはNASDAQに上場する計画も報道された。しかし、二〇一一年に、同社の事業は、そのすべてを同業他社に四三億ドル相当で売却され、設立後十年でその歴史を閉じることとなった。かの人は二〇〇八年に退社している。兵《つわもの》どもが夢の跡となったサンノゼ・サイトを再訪する機会はまだないと聞くが、その後、大規模に再開発されて、大方はショッピングモールや住宅街に変貌《へんぼう》を遂げたようだ。これも諸行無常の世の常であろうか。

# あとがき

本書は東京工業大学大学院の博士課程における拙論文「企業統合における組織再社会化の影響に関する研究」を大幅に加筆・改訂したものです。この骨子となる研究は、二〇一一年に国際経営系ジャーナル（Journal of International Management）に採択・発表（第四章註5）されました。組織再編・M&Aは、その経営戦略上のニーズがこれまで以上に高まってきていますが、期待する成果が達成できない例が多い実態が続いています。今般、拙論をできるだけ平易に書き直し、単行本とする運びとなりました。関連分野の研究者や実務者に限らず、ビジネス・経営の前線におられる方々をはじめ、組織再編にご関心をお持ちの方々に、本書をお手に取っていただけたことは誠に有難く、心より御礼申し上げます。

この研究で、東京工業大学の藤村修三教授には、多くの示唆に富むアドバイスと丁寧なご指導を賜りました。また、国内外での発表や、スイス連邦工科大（ETHZ）への留学、そして、修了後は研究会プロジェクトや教育プログラムへの参加などを通じて、さまざまな研究交流の機会をいただき、多大なご支援を賜りました。ここに深く感謝申し上げます。

拙論文の審査に際しては、東京工業大学の寺野隆雄教授、伊藤謙治教授、日高一義教授、辻本将晴教授、および、一橋大学大学院の島本実教授に、貴重なご指摘やご助言を賜りましたことを心から御礼申し上げます。ＥＴＨＺでは、研究全般を、チルキー（Hugo Tschirky）教授、ブーテリエ（Roman Boutellier）教授、シュルツ（Anja Schulze）博士に、また、シミュレーションについて、シュバイツァー（Frank Schweitzer）教授、メノッチ（Marino Menozzi）博士に、熱心なご議論とともに、質疑などを通じてご助言を賜り、また、スイスにおける事例調査へのご協力をいただきました。これらの方々に深く感謝いたします（所属大学名は当時）。

この研究は調査対象とする事例企業の方々からのご助力なしには実現できませんでした。研究意義へのご理解とともに、関連するデータの調査・収集に惜しみないご協力と、論点に関するご議論を賜りましたC社日本法人社長、総務統括部長、そしてご多忙の中、質問紙調査やインタビューにご協力をしていただいたC社、およびE社の関係各位に心から感謝申し上げます。

本書の出版にあたっては、文眞堂の前野隆社長、編集部の山崎勝徳氏に一方ならぬお世話になりました。厚く御礼申し上げます。

最後に、筆者を終始温かく支えてくれた妻の準子に心から感謝の気持ちを捧げます。

二〇二一年三月

伊藤　敏

# 註

## プロローグ

1 Santayana, G. (1905), *The Life of Reason: Introduction and Reason in Common Sense*, Leopold Classic Library. 原文：“Those who cannot remember the past are condemned to repeat it.”

2 EDP Industry Report, Jan. 8, 1969.

3 Burrows, UNIVAC, NCR, CDC, Honeywellの五社。ＩＢＭのシェアが格段に大きいので、頭文字を取ってＢＵＮＣＨ（束）と呼ばれた。撤退したのは電機大手のＧＥ、ＲＣＡの二社。

4 一九五五年オープン。ウォルト・ディズニー社が運営する世界中のディズニーパークのうち最初に建設された。

5 特定の製品の製造に必要なすべての特許権について、その製品の製造・販売などの実施行為を許諾する契約。

6 一九八二年六月、ＩＢＭの新型コンピュータに関する機密情報を不法入手したとして、米ＦＢＩが日立や三菱の社員など六名を米国で逮捕した事件。翌年秋に和解が成立した。

7 高橋茂（二〇〇三）「プラグコンパティブル・メインフレームの盛衰（3）」『情報処理』44巻5号。

8 個人が自分の属する集団や社会の規範・価値・習慣的行動様式を学習し内面化する過程（社会学用辞典）。

## 第一章

1 Hall, E. T. (1959), *The Silent Language*, Doubleday and Co.（國弘正雄他訳『沈黙のことば』南雲堂、一九六六年。）

2 Gadiesh, O., Ormiston, C. and Rovit, S. (2003), “Achieving an M&A's Strategic goals at Maximum Speed for Maximum Value,” *Strategy & Leadership*, 31 (3).

3 レコフＭ＆Ａデータベース（https://www.marr.jp/recofdb.html）。

4 BUREAU VAN DIJK (2019), Global M&A Review, Q1 2019.

5　Mihaiu, D. M. (2018), "Financial Synergies of Mergers and Acquisitions: Between Intentions and Achievements," in *Emerging Issues in the Global Economy*, Springer Proceedings in Business and Economics, Springer, Cham・他。ＫＰＭＧの調査（二〇〇一）ではＭ＆Ａの七〇％が価値の増加に失敗したと報告している。

6　デロイト トーマツ コンサルティング（二〇一八）「日本企業の海外Ｍ＆Ａは上達しているのか？」

7　Bligh, M. C. (2006), "Surviving Post-Merger 'Culture clash': Can cultural leadership lessen the casualties?" *Leadership*, 2 (4) 他。

8　Chatman, J. A. and Cha, S. E. (2003), "Leading by leveraging culture," *California Management Review*, 45 (4).

9　Oberg, K (1960), "Culture Shock. Adjustments to new culture environments," *Practical Anthropology*, os-7 (4).

10　江川緑（二〇〇八）東京工業大学大学院『多文化共生社会論』講義より。

11　前掲、註1参照。

12　Mehrabian, A. (1971), *Silent messages*, Wadsworth, Belmont, California.（西田司他訳『非言語コミュニケーション』聖文社、一九八六年。）

13　Hall, E. T. (1976), *Beyond Culture*, Anchor Press.（岩田慶治・谷泰訳『文化を超えて』ＴＢＳブリタニカ、一九七九年。）

14　森本哲郎（一九八八）『日本語　表と裏』新潮社。

15　Schein, E. H. (1968), "Organizational socialization and the profession of management," *Industrial Management Review*, 9 (2).

16　人間観・動機づけに関する二つの対立的な理論。「人間は生来怠け者で、強制や命令がなければ仕事をしない」とするＸ理論と、「仕事をするのは人間の本性であり、条件次第で責任を受け入れ、自ら進んで責任を取ろうとする」Ｙ理論とがあり、マズローが示した欲求五段階の低次元の欲求が満たされている場合は、Ｙ理論による経営手法が望ましいとした。

17　Katz, R. (1978), "Job Longevity as a Situational Factor in Job Satisfaction," *Administrative Science Quarterly*, 23 (2).

18　Aguilera, R. V., Dencker, J. C. and Yalabik, Z. (2008), "Institutions and Organizational Socialization: Integrating Employees in Cross-Border Mergers and Acquisitions," *Thought Leadership in Advancing International Business Research*, Vol. 2.

19　Yalabik, Z. Y. (2008), Organizational Socialization Approach to Mergers and Acquisitions Integration: Helpfulness to Organizational Commitment (Thesis Ph.D. University of Illinois).

## 第二章

1 Schein, E. H. (1985), *Organizational Culture and Leadership*, San Francisco, CA, US: Jossey-Bass Inc.（清水紀彦・浜田幸雄訳『組織文化とリーダーシップ　リーダーは文化をどう変革するか』ダイヤモンド社、一九八九年。）
2 Denison, D. R. (1990), *Corporate Culture and Organizational Effectiveness*, Oxford, England: John Wiley & Sons.
3 Ouchi, W. G. (1981), *Theory Z: How American Business can Meet the Japanese Challenge*, Reading, MA, US: Addison-Wesley.（徳山二郎監訳『セオリーZ』CBS・ソニー出版、一九八一年。）
4 Deal, T. E. and Kennedy, A. A. (1982), *Corporate Cultures: The Rites and Rituals of Corporate Life*, Reading, MA, US: Addison-Wesley.（城山三郎訳『シンボリック・マネジャー』新潮社、一九八三年。）
5 Peters, T. J. and Waterman, R. (1982), *In Search of Excellence*, New York, NY, US: Harper and Row.（大前研一訳『エクセレント・カンパニー』講談社、一九八三年。）
6 Schneider, B. (2000), "The Psychological Life of Organizations," *Handbook of Organizational Culture & Climate*, Thousand Oaks, CA, US: Sage.
7 Ashforth, B. E. (1985), "Climate Formation: Issues and Extensions," *The Academy of Management Review*, 10 (4).
8 藤田誠（一九九一）「組織風土・文化と組織コミットメント―専門職業家の場合」『組織科学』25（1）。
9 Denison, D. R. (1996), "What is the Difference Between Organizational Culture and Organizational Climate? A Native's Point of View on a Decade of Paradigm Wars," *Academy of Management Review*, 21 (3).
10 Schwartz, S. H. and Davis, S. M. (1981), "Matching Corporate Culture and Business Strategy," *Organizational Dynamics*, 10 (1).
11 Schein, E. H. (2000), "Sense and Nonsense About Culture and Climate," in *Handbook of Organizational Culture & Climate*, Thousand Oaks, CA, US: Sage.
12 津田眞澂（一九九四）『日本の経営文化―二十一世紀の組織と人』ミネルヴァ書房。
13 梅澤正（一九九四）『顔の見える企業―混沌の時代こそ経営理念』有斐閣。
14 ブリタニカ国際大百科事典。
15 Smircich, R. (1983), "Concepts for Cultures and Organizational Analysis," *Administrative Science Quarterly*, 28 (3) 他。
16 前掲、註15参照。

17 Martin J. and Meyerson, D. (1987), "Cultural Change: An Integration of Three Different Views," *Journal of Management Study*, 24 (6).

18 乙黒聡子・長田洋（二〇〇四）「企業価値創造における企業文化の果たす役割」『品質』34（2）。

19 Hofstede, G. H. (1980), *Culture's Consequences: International Differences in Work-Related Values*, Beverly Hills, CA, US: Sage.（萬成博・安藤文四郎監訳『経営文化の国際比較』産業能率大学出版部、一九八四年。）

20 House, R. J., Hanges, P. J., Javidan, M., Dorfman, P .W. and Gupta, V. (eds.) (2004), *Culture, Leadership, and Organizations: The GLOBE Study of 62 Societies*, Thousand Oaks, CA, US: Sage.

21 Datta, D. K. (1991), "Organizational Fit and Acquisition Performance: Effects of Post-Acquisition Integration," *Strategic Management Journal*, 12 (4) 他。

22 Stahl, G. K. and Voigt, A. (2003), "Meta-analysis of the Performance Implications of Cultural Differences in Mergers and Acquisitions: Integrating Strategic, Financial, and Organizational Perspectives," *INSEAD Working Paper Series*, 2003/99/ABA.

23 Teerikangas, S. and Very, P. (2006), "The culture performance relationship in mergers and acquisitions: From Yes/No to How," *British Journal of Management*, 17 (1).

24 Nahavandi, A. and Matekzadeh, A. R. (1988), "Acculturation in Mergers and Acquisitions," *Academy of Management Review*, 13 (1).

25 Weber, Y., Tarba, S. and Reichel, A. (2009), "International Mergers and Acquisitions Performance Revisited -the Role of Cultural Distance and Post-," in *Advances in Mergers and Acquisitions*, Emerald Group Publishing Limited, Bingley.

26 Bligh, M. C. (2006), "Surviving Post-Merger 'Culture Clash': Can Cultural Leadership Lessen the Casualties?" *Leadership*, 2 (4) 他。

27 Lee, H. M., Lee, C. C. and Wu, C. C. (2011), "Brand Image Strategy Affects Brand Equity After M&A," *European Journal of Marketing*, 45 (7/8).

28 Anand, J., Capron, L. and Mitchell, W. (2005), "Using Acquisitions to Access Multinational Diversity: Thinking Beyond the Domestic Versus Cross-border M&A Comparison," *Industrial and Corporate Change*, 14 (2).

29 Lopes, C. C. (2003), Corporate Culture and Its Effect on Product Quality, Reputation and Market Share: A Mergers and

Acquisitions Analysis (Honors thesis, Northwestern University).
30　Fairfield-Sonn, J. W. (2001), *Corporate Culture and the Quality Organization*, Westport, CT, US: Quorum Books.

## 第三章

1　Piaget, J. (1964), *Six études de psychologie*, Paris, France: Denoël.（滝沢武久訳『思考の心理学』みすず書房、一九八六年。）
2　吉田耕作（二〇〇五）『ジョイ・オブ・ワーク　組織再生のマネジメント』日経ＢＰ社。
3　Oliver, R. L. (1980), "A Cognitive Model of the Antecedents and Consequences of Satisfaction Decisions," *Journal of Marketing Research*, 17 (November).
4　圓川隆夫（二〇〇九）『我が国文化と品質』日本規格協会。
5　前掲、註4参照。
6　Schein, E. H. (1985), *Organizational Culture and Leadership*, San Francisco, CA, US: Jossey-Bass Inc.（清水紀彦・浜田幸雄訳『組織文化とリーダーシップ　リーダーは文化をどう変革するか』ダイヤモンド社、一九八九年。）
7　加護野忠男（一九八七）「組織認識論序説」『組織科学』20（4）。
8　Miles, R. E. and Snow, C. C. (1978), *Organizational Strategy, Structure, and Process*, New York, NY, US: MacGrow-Hill.
9　Polanyi, M. (1966), *The Tacit Dimension*, London, UK: Routledge & Kegan Paul.（佐藤敬三訳『暗黙知の次元』紀伊国屋書店、一九八〇年。）
10　ここでは「自分ひとりの見方や感じ方によって作られた、ある対象についての全体像」を指している。
11　高野陽太郎（二〇〇八）『集団主義という錯覚―日本人論の思い違いとその由来』新曜社。
12　前掲、註1参照。
13　認知発達の過程の記述は、経済活動における人間の知識獲得のモデルを論じた次の文献を引用している。岩井克人（一九七七）「知識と経済不均衡」青木昌彦編『経済体制論　Ⅰ　経済学的基礎』東洋経済新報社。

## 第四章

1　Simon, H. A. (1945), *Administrative Behavior: A Study of Decision-making Process in Administrative Organizations*, New York, US: The Free Press.（二村敏子他訳『経営と行動』ダイヤモンド社、二〇〇九年。）

2　M&Aや企業取引などの際に、対象企業の資産価値やリスクを評価する手続き。直訳すると「努力義務」であり、意思決定や判断する際に、努力して行うことが当然とされる義務活動を意味する法律用語。

3　Denison D. and Ko, I. (2016), "Cultural Due Diligence in Mergers and Acquisitions," *Advances in Mergers and Acquisitions*, Vol. 15.

4　Glassdoor.com（企業口コミサービス）、Indeed.com（求人検索サイト）、現在はどちらもリクルート社が買収して運営している。

5　Ito, S., Fujimura, S. and Tamiya, T. (2012), "Does Cultural Assimilation Affect Organizational Decision-making on Quality-related Incidents? -A Company's Post-M&A Experience," *Journal of International Management*, 18 (2).

6　「インテグレーション」プロセスと呼ばれ、C社の製品を顧客の最終製品に組み込み、制御用パラメータなどの初期化を行って、使用可能な状態にするプロセス。

7　製品に内蔵されて動作を制御するための制御用プログラムであり、通常ROMなど書き換えの出来ないメモリに格納される。

8　前掲、註1参照。

9　Cyert, R. M. and March, J. G. (1964), *A Behavioral Theory of the Firm*, Englewood Cliffs, NJ, US: Prentice-Hall.（松田武彦・井上恒夫訳『企業の行動理論』ダイヤモンド社、一九六七年。）

10　Salk, J. E. and Brannen, E. Y. (2000), "National Culture, Networks, and Individual Influence in a Multinational Management Team," *The Academy of Management Journal*, 43 (2).

11　印南一路（一九九九）『すぐれた組織の意思決定』中央公論社。

12　CEOはA社出身、COOはB社出身とし、トップに直接レポートする主要部門長は、A社とB社からそれぞれ一名ずつペア（ただし、正、副とする）にして充てる人事体制。これは出身の違いによる組織メンバー間の違和感を軽減し、相互理解を促すメリットがあるものの、一般には意思決定の局面において、ペアとなる両者の合意形成が必須となり、意思決定の遅れが生じやすいとされる。

13　統合二年目のQ2からC社で行われた品質向上への全社的な取り組みの呼称。

**第五章**

1　今田高俊編（二〇〇〇）『リアリティの捉え方』有斐閣アルマ。

2　この方法は東京工業大学大学院博士後期課程（当時）の竹内寛爾氏のアドバイスによるもので、ここに記して感謝する。

3 質問項目に対する同意の程度を数段階（5〜7段階が多い）の選択肢の中から選んで答える方法。
4 加護野忠男（一九八二）「組織文化の測定」『国民経済雑誌』146（2）。
5 Katz, R. and Kahn, R. L. (1978), *The Social Psychology of Organizations*, New York, NY, US: John Wiely and Sons.
6 Human Synergisitics 社による組織文化の調査。
7 Denison Consulting 社による組織文化の調査。
8 Buono, A. F. and Bowditch, J. L. (1989), *The Human Side of Mergers and Acquisitions: Managing Collisions Between People, Cultures and Organizations*, San Francisco, CA, US: Jossey-Bass.
9 Lopes, C. C. (2003), Corporate Culture and Its Effect on Product Quality, Reputation and Market Share: A Mergers and Acquisitions Analysis (Honors thesis, Northwestern University).
10 後光効果。そのときの目立った特徴に引きずられて他の特徴についての評価が歪められる現象。たとえば、外見がいいと、信頼できると感じてしまうことなど。
11 民族誌。文化人類学で用いられる研究手法。特定の社会（例：未開社会など）をフィールドとして選び、そこに住み込んで、さまざまな聞き取り調査を行い、その社会における生活の全過程について記述分析する。この調査記録をまとめたものがエスノグラフィーと呼ばれる。

**第六章**

1 寺野隆雄（二〇〇四）「エージェント・ベース・モデリング：その楽しさと難しさ」『計測と制御』43（12）。
2 Schelling, T. J. (1971), "Dynamic Models of Segregation," *Journal of Mathematical Sociology*, Vol. 1.
3 山影進（二〇〇七）『人工社会構築指南』書籍工房早山。
4 分居モデルを試すことができるサイト例：mas.kke.co.jp/modules/tinyd4/index.php?id=13
5 ノーベル賞のパロディーとされるイグ・ノーベル賞は「人々を笑わせ、そして考えさせる」業績に贈られる。
6 Peter, L. J. and Hull, R. (1969), *The Peter Principle*, New York, NY, US: William Morrow & Co Inc.（渡辺伸也訳『ピーターの法則』ダイヤモンド社、二〇〇三年。）
7 Pluchino, A., Rapisarda, A. and Garofalo, C. (2010), "The Peter Principle Revisited: A Computational Study," *Physica A: Statistical Mechanics and Its Applications*, 389 (3).

8 mas.kke.co.jp/index.php
9 Axelrod, R. (1997a), "The Dissemination of Culture: A Model with Local Convergence and Global Polarization," *Journal of Conflict Resolution*, 41 (2).
10 Shibanai, Y., Yasuno, S. and Ishiguro, I. (2001), "Effects of Global Information Feedback on Diversity Extensions to Axelrod's Adaptive Culture Model," *Journal of Conflict Resolution*, 45 (1).
11 González-Avella, J. C., Mario, G., Cosenza, M. G., Klemm, K., Eguíluz, V. M. and San Miguel, M. (2007), "Information Feedback and Mass Media Effects in Cultural Dynamics," *Journal of Artificial Societies and Social Simulation*, 10 (3).
12 前掲、註1参照。

## 第七章

1 Büchi, C. (2003), *Röstigraben*. (片山淳子訳『もう一つのスイス史　独語圏・仏語圏の間の深い溝』刀水書房、二〇一二年。)
2 World University Rankings 2020 (https://www.timeshighereducation.com/world-university-rankings/2020/world-ranking#!/page/0/length/25/sort_by/rank/sort_order/asc/cols/stats).
3 預金残高証明はスイスの銀行によって発行されたものに限られ、日本の銀行による証明は受理されないことが後で判った。筆者の場合は留学先の裏書で受理された。
4 江藤学（二〇一四）「人材能力マネジメントが生み出すスイスのイノベーション力」『一橋ビジネスレビュー』62巻3号。
5 ＮＰＯ法人日本核シェルター協会調べ（https://kakushelter.net/article/12/）。
6 国際競争力ランキング（https://www.globalnote.jp/post-1508.html）。
7 前掲、註4参照。
8 生活の質がもっとも良い世界の都市調査、ベスト21（https://www.businessinsider.jp/post-164279）。
9 教育システムに関する記述については注4の文献を参照・引用した。
10 川口マーン恵美（二〇一六）『世界一豊かなスイスとそっくりな国ニッポン』講談社。ロマの子供に関しては福原直樹（二〇〇四）『黒いスイス』新潮社。
11 國松孝次（二〇〇三）『スイス探訪』角川書店。
12 一九四九年、当時の連合国軍最高司令官ダグラス・マッカーサーの発言。正確には「太平洋のスイス」で、将来、いかなる戦争があっても日本は中立であるべきとの意味を強調したものとされる。

13　KPMG (2019), Clarity on Mergers & Acquisitions.

14　Stahl, G. K., Larsson, R., Kremershof, I. and Sitkin, S. B. (2011), "Trust Dynamics in Acquisitions: A Case Survey," *Human Resource Management*, 50.

## 第八章

1　藤村修三（二〇〇九）東京工業大学大学院イノベーションマネジメント研究科・藤村ゼミでのコメントより。

2　Denison, D. R. (1990), *Corporate Culture and Organizational Effectiveness*, Oxford, England: John Wiley & Sons.

3　Wilhite, A. and Fong, E. A. (2010), "Agent-based Models and Hypothesis Testing: An Example of Innovation and Organizational Networks," *The Knowledge Engineering Review*, cambridge.org.

4　細谷雄一（二〇二〇）「ポストコロナ「日本特殊論」との決別が必要な訳　過去に倣いパンデミックは世界の秩序を変える」東洋経済 ONLINE 2020/5/20 より。

5　WHO (2020), COVID-19 RESPONSE *Risk Communication and Community Engagement Guidance for Physical and Social Distancing*.

## エピローグ

1　山崎憲治（二〇一八）「災害論の新たな展開に向けて」『駿台史学』第１６３号。

2　地球の地層年代の一つ。生物の種類が爆発的に増大（カンブリア爆発）し、今日みられる動物の門が出揃った時期（生物学用語辞典）。

3　藤村修三（二〇〇九）東京工業大学大学院イノベーションマネジメント研究科・藤村ゼミでのコメントより。

4　カリフォルニア工科大学（California Institute of Technology）。

5　西條美紀（二〇一四）『コミュニケーションデザイン』くろしお出版。

6　Los Gatos Creek Trail (https://www.losgatosca.gov/907/Los-Gatos-Creek-Trail), Mine Hill Trail (https://www.hikingproject.com/trail/7024736/mine-hill-trail).

7　原典では「ポリス的動物」としている。

【マ行】



【ラ行】

# 索　引

**【著者紹介】**

伊藤　敏（いとう・さとし）

山形県東田川郡櫛引町（現・鶴岡市）生まれ
鶴岡工業高等専門学校電気工学科（第一期）卒業
東京工業大学大学院イノベーションマネジメント研究科博士課程修了
スイス連邦工科大学（ETHZ）
Management, Technology and Economics 留学
博士（技術経営）（東京工業大学）
大手電機メーカー，コンピュータ部門の設計部長，海外法人（米国）Vice President などを経て，
東京工業大学環境・社会理工学院特別研究員，公益財団法人未来工学研究所シニア研究員

**文化の壁と再社会化の道**
**――ポストコロナ時代の組織再編・M&A に向けて**

2021 年 9 月 15 日第 1 版第 1 刷発行　　検印省略

著　者――伊藤　敏

発行者――前野　隆

発行所――株式会社 文眞堂
〒 162-0041 東京都新宿区早稲田鶴巻町 533
TEL：03（3202）8480 / FAX：03（3203）2638
URL：http://www.bunshin-do.co.jp/
振替 00120-2-96437

製作……モリモト印刷

©2021　ISBN978-4-8309-5142-8　C3034
定価はカバー裏に表示してあります